How to Communicate Effectively

Online、面對面皆適用！

NHK主播親授，讓人情不自禁和你聊下去的130條溝通心法

阿隅和美·著　高詹燦·譯

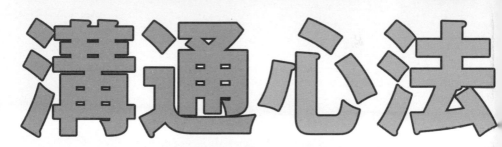

前言——今後的時代，「面對面」與「線上」說話都一樣擅長的人，才能把握機會

在社會上各個領域都因為新冠病毒而急速數位化的情況下，工作方式和溝通方式也產生多樣的變化。

過去在日本，「懂得看氣氛」、「不用說也判斷得出來」的溝通方式是主流。但在這新常態時代，這樣無法與人溝通。**尤其是在線上，清楚將自己的感覺或想法轉換成語言，讓對方能輕鬆的明白，現在比過去更要求得具備這樣的技能**。

我擔任NHK衛星放送主播有長達十年的經歷，此外也在TBS和CBC等公司負責過運動、資訊節目，總共當過近二十年的播報員，目前主要針對說話方式、簡報、溝通，舉辦研習和訓練。截至目前為止，指導過的商業人士已超過一萬五千人。電視堪稱是透過畫面向人傳遞訊息以及說話的寶庫。拜此之賜，我真切感受到自己在播報員時代學會

的說話方式，對於面對面和線上溝通都大有助益。

話雖如此，就連一直都以說話為業的我，也常認為要巧妙傳達自己想法是很難的一件事。正因如此，我很想知道如何將無法巧妙傳達自己想法的焦急和後悔轉變成感動和喜悅的方法，並想和大家分享箇中訣竅，而且始終抱持這樣的想法，持續投入這項工作中。

我根據自己在電視臺現場學到的實用性說話方式，持續指導商務人士，已達十年之久，而在這個過程中，我逐步將能展現成果，且重現性高的方法轉化成語言。

拜此之賜，我收到許多聽過我演講的人們傳來令人欣慰的消息，他們說「就只是稍微改一下說話方式，對方的反應就變得不一樣」、「在眾人面前說話成了一件開心的事」、「工作變得一帆風順」、「終於得到想從事的工作」、「未來成了自己所描繪的樣子」。

而在這段期間，因為新冠病毒的影響，一些面對面舉行的研習或演講，都暫時相繼取消或延期。但藉由切換成線上，又得以再度投入工作。透過線上，觀眾能從全國各地參加講座，並有了新的連結和發現。我從中覺得，**線上並不是面對面的替代品，它們各有各**

的優點。今後在面對面以及線上這兩方面的運用上，想必會更加發展。

於是我根據過去的經驗，將成功的說話方式建立出一套有系統的理論，並根據這套理論，盡可能將**「不論是面對面還是線上，都能加以活用的方法」**，替換到我們周遭所發生的商業場景中，讓讀者能夠明瞭，這就是本書的用意。

拿起這本書的讀者，想必擁有很強烈的意願，想要表達得更好，想更順利的與對方溝通。

今後的時代，**不論是面對面還是線上都能巧妙溝通的人，才能把握各種機會**。

如果您能以本書當啟發，將面對面與線上的說話方式巧妙的分開使用，與職場同事或客戶建立良好的關係，拓展自身的發展性，那將是我最欣慰的事。

NHK主播親授，讓人情不自禁和你聊下去的130條溝通心法　目錄

第2章 工作能手「引人說話的方法、炒熱氣氛的方法」

吸引人的推銷話術
讓人有心購買的商品解說
巧妙的出招回應……

第3章

會議、簡報下的想像說話法

展現說服力的商談技巧　視線的使用方法……

工作能手的「確實傳達重要事項」的說話方式

第4章 厲害的人「善於提問」的說話方式

讓對話變得熱絡的附和和點頭
引出真心話的巧妙提問
厲害的停頓法……

也可以利用「索引」來找出自己現在想知道的說話方式。

以標題清楚明示在怎樣的情況下，用怎樣的技巧。

1 初次見面的問候方式。怎樣才是一次就能縮短彼此距離的起頭方式？

在第一章，我們先來看看與客戶或合作廠商的「對話契機」吧。

請試著想像一下你第一次訪問客戶的情況。當然了，是第一次見面，而且是我方請對方刻意騰出時間的客戶。

你想和對方交換名片，同時小聊幾句，以緩和現場氣氛，這時是否會不小心採用這樣的說話方式呢？

不擅長「初次見面問候」的人所用的說話方式

「您好。謝謝您今天撥時間給我。天氣愈來愈暖和了呢……」

重點在於針對「貼近對方生活周遭的事」來「拋出問題」。

擅長「初次見面問候」的人所用的說話方式

「這間辦公室位處高樓層，視野真美！〇〇先生，從您的座位也可以看到這個景致嗎？」

「這個樓層人很少呢。大家都是遠距工作嗎？」

「這一帶的都更進行得很熱絡呢。」

如此一來，對方應該會這樣回覆你。

〇 以同樣的案例，解說在面對面的情況下可以順利發展的說話範例，同時附上理由。

✕ 在這個案例下，針對許多人會不小心脫口而出的錯誤說話範例進行解說，並附上理由。

[本書的使用方法]

[不知如何是好時，可馬上查！依商業場面區分索引]

※有些未必會與內文的標題一致。

擅長在線上進行「初次見面問候」的人所用的說話方式

「貴公司也採遠距工作嗎？一週到公司幾次呢？」

「很常利用線上嗎？」

「你們線上用的背景畫面，裡頭有貴公司的ＬＯＧＯ標幟對吧。」

像遠距工作這種工作類型還算新穎，對方一定也做了不少功課，或是對此很感興趣，所以這可說是炒熱對話的「鐵板話題」。

上還是即時的現場，比起天氣或時事的話題，以「貼近對方平時生活的話是最好的做法。試著放鬆一點，進行對話吧。

POINT!

如果是面對面，要針對對方的職場或工作方式提出相關的問題，如果是線上，則要針對遠距工作提問

22

最後，會清楚明白的歸納出面對面與線上各自的重點。

在同樣的案例中，解說在線上的情況下可以順利發展的說話範例，並附上理由。說話方式與面對面的情況有所不同，要特別注意。

第1章

工作能手創造「說話契機」的方式

第一次見面談話的起頭

不會冷場的閒談

會議、講座的掌握方式

……

1

初次見面的問候方式。怎樣才是一次就能縮短彼此距離的起頭方式？

在第一章，我們先來看看與客戶或合作廠商的「對話契機」吧。

請試著想像一下你第一次訪問客戶的情況。當然了，是第一次見面，而且是我方請對方刻意騰出時間的客戶。

你想和對方交換名片，同時小聊幾句，以緩和現場氣氛，這時是否會不小心採用這樣的說話方式呢？

不擅長「初次見面問候」的人所用的說話方式

「您好。謝謝您今天撥時間給我。天氣愈來愈暖和了呢……」

這是幾乎可說是固定模式的「天氣話題」，而有些對象只會回一句「是啊」「真的很暖和」，然後對話就此結束。如果對方不太擅長說話，或是很忙碌，沒什麼時間閒聊，情況更是嚴重。還沒開始談生意，就一直處在尷尬的沉默中……很想避免這種情況發生對吧。

那麼，如果是擅長製造說話契機的人，會怎麼做呢？

重點在於針對**「貼近對方生活周遭的事」**來**「拋出問題」**。

擅長「初次見面問候」的人所用的說話方式

「這間辦公室位處高樓層，視野真美！○○先生，從您的座位也可以看到這個景致嗎？」

「這個樓層人很少呢。大家都是遠距工作嗎？」

「這一帶的都更進行得很熱絡呢。」

如此一來，對方應該會這樣回覆你。

（當事人「〇〇先生，從您的座位也可以看到這個景致嗎？」）
對方「不，從我的座位只看得到堆積如山的資料。」
當事人「哈哈，這樣啊。不過這景致真漂亮，我不知不覺都看得入迷了呢。」

（當事人「大家都是遠距工作嗎？」）
對方「對，到公司上班率限制在50%以下。」
當事人「這樣啊。這麼說來，今天能見到〇〇先生您，還真是難得的機會。真的很謝謝您撥時間給我。」

（當事人「這一帶的都更進行得很熱絡呢。」）
對方「是啊。一些熟悉的店都沒了，感覺怪落寞的。」
當事人「這樣啊。一走出驗票口，看到眼前的風景全變了樣，我嚇了一大跳。」

就像這樣，對話會很自然的熱絡起來。

不妨將立場顛倒，假想有人到你公司拜訪吧。這時，當對方問到你的公司、工作方式、附近周邊，是不是會不自主的想告訴對方呢？

有人或許會因為這是自己所清楚的事，所以就此變得話多起來。同樣的，只要針對「貼近對方生活周遭的事」展開「提問」，就能讓對方變得話多起來。

與第一次見面的對象說話，最重要的就是「**縮短內心的距離**」。

並且不是一直都我方單方面的說，而是一再的展開「對話的傳接球」。在溝通的世界裡，**比起「30秒1次來回」的對話，「15秒3次來回」的對話能更快加深彼此的關係**。因此，將貼近對方生活周遭的事當作「提問球」拋出，等對方傳回來後，再作成提問球投回去。如此一再反覆即可。

＊

另一方面，如果是在線上與人「第一次見面」時，又會是怎樣呢？

就對方來說，最熱門，而且「貼近生活周遭的話題」，應該就是遠距工作了。

擅長在線上進行「初次見面問候」的人所用的說話方式

「貴公司也採遠距工作嗎？一週到公司幾次呢？」

「很常利用線上嗎？」

「你們線上用的背景畫面，裡頭有貴公司的ＬＯＧＯ標幟對吧。」

像遠距工作這種工作類型還算新穎，對方一定也做了不少功課，或是對此很感興趣，所以這可說是炒熱對話的「鐵板話題」。

不論是線上還是即時的現場，比起天氣或時事的話題，以「貼近對方平時生活的話題」展開對話，是最好的做法。試著放鬆一點，進行對話吧。

POINT!

如果是面對面，
要針對對方的職場或工作方式提出相關的問題，
如果是線上，
則要針對遠距工作提問

2 在談生意前炒熱現場，絕不冷場的閒聊法則

舉例來說，如果你是客戶，前來拜訪的對象一開口突然就談到這樣的話題，你會有什麼感覺？

不擅長「閒聊」的人所用之說話方式

「今天要請您多多指教了。請容我直接談正題，這是我今天要向您介紹的服務手冊。那麼，請讓我為您說明。」

肯定會在心裡想「我知道他是來談生意的，不過還沒聊幾句，開口就直接談生意……」。雖然心裡覺得很突兀，但還是會耐著性子繼續聽對方說，不過，心裡應該不會想積極的和對方做生意。

不擅長閒聊的人，往往會像這樣，不知道該聊什麼好，馬上就談起了生意。

如果是千錘百鍊的高超業務員，應該會擁有過人的閒聊術，不管什麼時候，對上什麼人，都能馬上和對方打成一片，不過，要是不熟悉當業務，或者是從事專業職務的人，就算要他們「自然的與人閒聊」，想必也會很苦惱。

因此，我推薦的是「絕不冷場的閒聊」技巧。

就當自己是在「採訪」。尤其是針對對方的工作、私人的內容，要多方展開採訪。

擅長面對面「閒聊」的人所用之說話方式

「岩田先生，您在現在這個部門待很久了嗎？」

「林先生負責的是怎樣的服務內容呢？」

「瓶子這個姓很罕見呢。您是哪裡人？」

在交換名片時看到對方的名字，如果能加進談話內容中，會更有效果。接下來對方自然會主動開口，雙方的閒聊會自行變得熱絡起來。

這種採訪方式的「鎖定目標」，是藉由詢問對方的事，**來表現出「我對你非常感興**

趣」的態度。不管是誰，當有人關注你，或是關注你感興趣的事物時，都會很高興。就像在社群網站上看到有人按「讚！」，就滿心歡喜一樣。

*

另一方面，如果是線上，因為受到通訊的影響，聲音多少會有些時間差，所以很難聊得熱絡。考量到這樣的環境，我提出的建議是**傳達出「見到面的喜悅」**。

擅長在線上「閒聊」的人所用之說話方式

「您好，
收到您的電子郵件，非常感謝。
很期待能與○○先生您見面！」
「您好。謝謝○○先生您撥時間給我。
今天的聚會，我期待已久！」

就像這樣，只要表現出「能見到面的喜悅」，就能讓對方明白「我對你非常感興趣」。

總之，要表現出對對方感興趣。想知道更多對方的事。就算沒自信能和人閒聊，只要以這種態度去面對，對方應該也會對你感興趣。

POINT!

如果是面對面，
要採訪對方私人的問題，
如果是線上，
則要傳達出「能見到面的喜悅」

Column 1

工作能手高人一等的閒聊技巧

就像我在前面提到的，只要能「做好採訪」，就能給對方好印象，如果想進一步讓對方覺得「這個人不簡單！」，建議你事先準備好**「針對對方客製化的閒聊題材」**。

所謂「客製化的閒聊題材」，像對方公司的網頁當然就不用提了，另外像對方工作相關的新聞報導、雜誌、書籍，也要大致看過，看到好奇的內容就特別記下。此外，試著實際使用對方公司的商品或服務也是個好方法。舉例來說，如果對方是公關部門的人，

「我前些日子剛好在雜誌上看到貴公司社長的採訪。」

要試著像這樣說出對報導的感想。

如果對方是商品開發部的人，

「我常用貴公司的護手霜。託你們的福，現在雙手常保溼潤，就連冬天也不會乾

燥。」

不妨像這樣傳達你的使用感受。

光是這樣一句話，應該就能讓對方覺得「原來這個人這麼感興趣啊！」，而對你感到佩服。

其實這是我在播報員時代實際學到的經驗。

在談話節目中，如果沒仔細調查來賓的資歷，就直接正式展開對談，往往會講得很不流暢，也無法炒熱節目氣氛……我有過這樣的失敗經驗。

我心想「這個樣子不行」，於是，只要來賓是音樂家，他過去的音樂作品就不用說了，就連採訪報導，我也會全都看過一遍，之後趁彩排間的空檔向對方傳達我的感想，或是針對我好奇的部分提問。

「您的新專輯裡面的〇〇這首曲子，當中有一句『你可以一直維持……的樣子』，我都會不自主的哼唱起來。

對向來都過於認真的我來說，覺得這是很適合我的一首溫柔的曲子。因為工作而心情低落時，備感療癒。」

來賓如果明白「這個人是聽過我的所有專輯後才向我採訪」，便會很愉快的回答，進而談得更深入，主動說出「有件事我只跟你一個人說」這樣的話來。

找尋報導，或是親自試用商品或服務，確實很花時間。也許對方還不會發現你背後付出這麼大的努力。儘管如此，你投注的時間愈多，就愈能向對方傳達出超乎言語的「誠意」。

POINT!

要傳達出「想知道更多你（你公司）的事！」這樣的想法

3

客戶會不自主的回頭，促成上門推銷的說話術

我在手機店排隊等候的時候，有人會向我推薦更換網路服務供應商的服務。也會有推銷電話打到家裡來，或是在舉辦講座時，有人上門推銷。這時，他們固定都會講以下這句話。

不擅長「上門推銷」的人所用之說話方式

「呃，可以占用您一點時間嗎？現在是我們的活動期間，是電話和網路一同優惠的方案，在此跟您介紹一下，現在加入的話，初期費用0圓……」

感覺就像這樣，跟機關槍似的，完全不讓人有機會插話，就此展開推銷。

不但我聽了不感興趣，對網路服務供應商的情況也不了解。

他費了一番唇舌向我說明，但我卻無法理解，聽得一頭霧水，說起來實在很抱歉，那在我耳裡根本就是噪音。過沒多久，光聽都覺得難受，於是還沒來得及細看它的內容，我便回了他一句「我不需要」，加以拒絕……。

那麼，在這種情況下，擅長製造契機的人又會怎麼說呢？

懂得說話的人，會簡短的讓人明白自己能得到的好處以及在這裡聽他說的原因，而且**一定會提出小小的要求，讓對方打開「聆聽的開關」**。

擅長在面對面下進行「上門推銷」的人所用之說話方式

「您好。我是○○公司的△△，我手上有一份通訊費限時優惠方案，至於究竟有多優惠，請您務必要看一下。」

「至於究竟有多優惠，請您務必要看一下」如果是像這樣的小小要求，客人也會覺得「只是看一下應該沒關係吧」，而以輕鬆的態度打開「聆聽的耳朵」。要是突然開口就說一句「請考慮購買！」，則客人好不容易敞開一半的心房，將會立即關上。因為提出的要求過高。像這種時候，應該要提出低調的要求才正確。

「您只要趁等候的這段時間看一下就行了，可以占用您三分鐘的時間嗎？」

「很抱歉，突然打電話給您。只要三分鐘就好，可以聽我說件事嗎？」

「如果只是看一下的話」「如果只是聽一下的話」，當成功得到這樣的回覆時，接著可以說

「那我們實際來比較一下通訊費用吧。」

只要階梯式的逐漸提高要求就行了。

這在心理學叫作**「得寸進尺法（Foot-in-the-door technique）」**。就像推銷員迅速把腳卡進門縫內，不讓人把門關上一樣，**一開始要以「低調的請託」略微打開對方的心門，然後再漸漸提出大的請託，就是這樣的手法。請務必要加以活用。**

＊

另一方面，以線上的情況來說，不是去向不感興趣的人敲門，而是接受對方詢問，與擁有相當程度興趣的人對應。

我推薦的做法，是一開始先確認線上的連線狀況，詢問對提議有何需求，**逐步累積小Yes，再逐漸促成提議**。

擅長在面對面下進行「上門推銷」的人所用之說話方式

「這次很感謝您對本公司的新方案感興趣。我將為您介紹限時特惠的方案。」

「今天大概會占用您三十分鐘的時間，可以嗎？」（↓可以）

「聽得到聲音嗎？」（↓可以）

「看得到資料嗎？」（↓可以）

（同時繼續往下說）

「有類似的課題嗎？」（↓有）

「如果能降低成本引進，您會不會覺得不錯？」（↓會）

對方明明還沒擺出「聆聽的耳朵」，你就算自己講得再投入，也只是對牛彈琴。尤其線上很不容易看出對方的反應，若不多加小心，很可能會變成只有自己一直說個不停。

不論是面對面，還是線上，都要不慌不忙，配合對方的步調，一點一滴的提問，慢慢讓對方聆聽你的提議。

POINT!

如果是面對面，
就從一些小請求中引導出YES，
如果是線上，
就從一些小確認來促成提議

4 厲害的講座講師會考量「開頭的第一句話」

在公司內部研習、徵才說明會、對公司外部舉辦的講座中上臺演溝的人，或是像講師、顧問這種「以說話為業」的人，想必都會拿起這本書。

也許你明明對自己的內容充滿自信，但不知為何，參加者的反應卻差強人意……是否有這樣的經驗呢？也許問題就出在講座的起頭方式。

舉例來說，假設有個談論資產運用的講座，開頭的場面如下。

不擅長「講座」的人所用之說話方式

「今天很謝謝各位參加退休後的資產運用講座。
等下將會以三個部分來演說。
那麼，我們這就從第一部，國內外經濟及市場動向開始說明。」

講座的開頭會特別緊張，所以往往不知道該說什麼好，隨便問候幾句，便直接切入正題。但聽眾好不容易聚在這裡，這樣就像是沒理會他們的心情，只顧著自己往前走。無法炒熱會場氣氛也是理所當然。

那麼，如果是擅長製造契機來切入正題的人，又會怎麼做呢？

重點在於一開頭就要**說出「參加的好處」**，讓人充滿期待。

擅長面對面舉辦「講座」的人所用之說話方式

「今天很謝謝各位前來參加退休後資產運用講座。

現在正好從各地傳來櫻花盛開的消息，為了能讓各位說一句『這比去賞花更有意義，真是來對了』，我帶來可以幫助各位守護重要資產、增加收入的最新資訊。請務必要一路聽到最後。

那麼，我們這就從第一部，國內外經濟及市場動向開始說明吧！」

像這樣在一開頭就說一句「我會提供有幫助的資訊」，便能給人動機，採取「我就認真聽他說吧」的態度。

在現場講座的場合下，當你覺得現場氣氛僵硬時，可以先插進季節之類的話題來緩和氣氛，之後再說出「參加的好處」，這是其要訣。

＊

另一方面，如果是線上的情況又會是如何呢？

在線上於一開頭就說出「參加的好處」時，**得再加上一路看完講座才有的特惠**，這是其重點。

擅長面對面舉辦「講座」的人所用之說話方式

「今天很謝謝各位前來參加退休後資產運用講座。

為了讓各位能安心的度過老年生活，我將告訴各位資產運用的重點，請務必對此有所了解。在此準備了有助於各位守護重要資產、增加收入的最新資訊。

講座最後有一份問卷，回答者將免費獲得一份《開運！資產運用指南》。請務必要聽完講座。

那麼，我們這就從第一部，國內外經濟及市場動向開始說明吧！」

就像這樣，在線上講座的一開頭就說出參加的好處。

・能安心的度過老年生活的資產運用重點
・有助於守護重要資產、增加收入的最新資訊
・一路參加到最後，能得到的特惠

線上講座如果一直盯著畫面看，會感到疲憊，所以**比起面對面，適合以更有速度感的方式來進行**。

因此，與其一開頭花時間在建立關係上，不如清楚的以參加的好處來讓觀眾「產生動機」，這樣會更具效果。

會讓人產生動機，想要「積極參與」的話題，建議得具有「其他地方聽不到哦」的這種「稀少性」「專業性」，或是「不知道就落伍了」的這種「話題性」。

此外，為了防止觀眾中途退場，另外追加「一路參加到最後才有的特惠」也很重

要。

就像這樣，要炒熱講座氣氛，起頭特別重要。隨著起頭的方式不同，聽講者的滿意度、詢問件數、參加人數等結果也會隨之改變，這麼說一點都不為過。

以面對面以及線上各自適合的「起頭方式」，展開好的開始吧。

POINT!

如果是面對面，
就簡單的說出「參加的好處」，
如果是線上，
則要另外追加「一路參加到最後會有的好處」

5 眾人搶著前來公司說明會應徵，「編故事」的祕密

假設你是人事主任，要針對學生舉辦公司說明會。不光只談到企業規模、薪資、待遇，還要讓人對事業內容感興趣，吸引適合公司作風的人才能前來應徵，你會怎麼介紹公司沿革？

不擅長「公司說明」的人所用之說話方式

「那麼，在此介紹本公司。

本公司是從事訂製家具的製造與販售的企業，於距今二十七年前的○年創業。總公司位於長野，此外，在國內有營業所和工廠等三處據點。主要的事業內容為……」

這是常有的正統派企業介紹模式，但很遺憾，以這種寫在網頁或小冊子上的內容展

開平凡無奇的說明，不會讓人留下印象。因為如果是要宣傳企業的優點或是和其他企業有何不同，這樣顯得太過普通，應徵者要是看到條件更好的公司，馬上就會轉移注意。

那麼，如果是一位善於向求職者宣傳的人事主任，會怎麼做呢？厲害的人會**將焦點擺在公司的「轉機」上，編成「故事」向人介紹。**

擅長在面對面下進行「公司說明」的人所用之說話方式

「本公司是從事訂製家具的製造與販售的企業，創業至今已邁入第二十七年。

①其實當初創業者原本是一位木匠。

②但後來在興建住宅的工地工作時身受重傷，無法再工作。

③但他還是想和自己喜歡的工作現場保有一份關聯，這時，有位委託人很賞識他當木匠的手藝，前來問他，能否幫他製作餐桌椅組。當然，他很高興的一口答應，投入製作中。結果透過訂作，不僅家具符合屋子的大小，也很符合那一家人的身高，坐起來非常舒服，委託者高興極了。

④他的傳聞在當地業界傳開來，如今已成長為涉足外食連鎖店內部裝潢的

企業。
⑤今後一樣以訂製家具讓地方上的人們展露笑容，並以成為百年企業為目標。」

如果很平淡的以時間順序或數字來說明企業的沿革，實在很無趣，不過，若能像這樣，**以②③的創業者受傷造成的「轉機」當主軸，以此「編寫故事」**，這樣說起話來就會帶有「起伏」，容易讓人留下印象。

這就像學生時代在背歷史時，年表怎麼也記不起來，但是看歷史漫畫時，對登場人物投射情感後，一下就都牢記腦中，一樣的道理。據說以故事的方式來陳述，會讓人投射情感，比較容易留下印象。尤其是像說明會這樣，在有限的時間中想讓人印象深刻時，建議採用這種說話方式。

那麼，我在此簡單的說明一下編故事的結構吧。

如前所述，能以「轉機」為中心，用以下的五個項目簡單的製作。

在前面的「擅長在面對面下進行『公司說明』的人所用之說話方式」範例中，我標上①～⑤的號碼，請務必參考。

①以前的狀況……明確的說出創業前或是成為事業轉機前的狀況

②**轉機……挫折、危機等。只要有理由，就算是再小的事，也有重要的意義**

③**選擇與行動……因應轉機與變化，如何改變想法或行動，做了些什麼事**

④好的結果……效果和收穫

⑤光明的願景……企業的願景、聲明

就像這樣，可將創業的契機編成故事，也可以聚焦在「這就此成為轉機」的一部分社史上，來加以編寫。

不管怎樣，故事中都要提到「為什麼會從事這項事業」「重視的是什麼」「以什麼為目標」的企業理念，與實際體驗緊密相連，以此向人介紹，所以擁有同樣價值觀的人會產生共鳴。

*

另一方面，如果是線上，為了防止觀眾離開，要特別重視速度感。因此，前面提到的故事要**更加進化，經過濃縮**之後再說。說起來，**感覺就像電影的預告篇一樣**。

擅長在線上進行「公司說明」的人所用之說話方式

「本公司是創業第二十七年的企業，從事訂製家具的製造與販售，讓地方上的人們展露笑容。（↓要先以宣傳標語吸引人）

①創業者當初是木匠

②因為在興建住宅的工地身受重傷

③為了想和他喜歡的工作現場保有一份關聯，而開始製造訂製家具。

④此舉引來好評不斷，現在已擴大事業版圖，並涉足外食連鎖店的內部裝潢。

⑤今後也會從地區邁向世界，以成為百年企業為目標」

聽到這樣的介紹，如果會讓人想知道更多，那就太好了。只要更詳細的做一番企業說明即可。要與求職者建立互相欣賞的關係，其契機就在於用故事來介紹。

在線上進行的徵才活動，與面對面相比，有不太容易溝通的缺點。所以為了讓學生或轉職者明白企業的優點，必須在傳達方式上多加點心思。

「故事編寫」的介紹，不光只是企業方面，它同時也能活用在求職者和轉職者的自我介紹上。在第六章會附上以故事編寫來製作的自我介紹範例，請務必參考，來宣傳你自己的強項。

此外，還能改變對象，運用在訊息發佈上，以「理念」將企業與消費者、自營業者與顧客連接在一起。請務必也要活用在商品或服務的介紹上，以及社群網站的發文或簡報上，增加自己的粉絲數。

POINT!

如果是面對面，
就以轉機當主軸，用「故事編寫」來傳達，
如果是線上，
則要像電影的預告篇一樣，作成濃縮版

6

為了成為一場有意義的會議，希望「一開始就能共享」的事

對會議感到不滿的人似乎不少。會議過於冗長、發言的人固定都是那幾位、少有意見或其他提議、就算參加也不抱期待……等等。你所屬職場的會議，情況是如何呢？

舉例來說，定期會議是否都是像這樣展開呢？

「會議」進行得不順利的人展開的方式

「那我們這就開始吧。呃，和平時一樣，從上週的報告開始……」

在成為固定模式的定期會議中常有的畫面，就是主持人看著電腦畫面自言自語，就此展開……一種讓人不由自主分心的展開方式。

不過，這麼一來，成員往往也會提不起勁，發言變得消極。當中甚至有成員會觀察

上司的臉色，心想「他今天好像不太高興，我還是別多說話，保持沉默比較好」，解讀現場氣氛來改變自己的參與態度。

因此，為了要讓會議變得活絡，重點是**一開始「追求的目標要一同共享」**。

面對面的「會議」進行得順利的人展開的方式

「大家都到齊了嗎？那麼，我們接下來舉行會議。辛苦各位了。這次也一樣，讓我們一起共享團隊的課題，找尋解決辦法，讓這段時間變得有意義吧。（↓一同共享目的和參加方式）

會議進行方式是報告五分鐘，每個人各發言一分鐘。接著是與報告內容有關的討論五分鐘、到下週前的行動方案五分鐘、提問回答五分鐘，大致是這樣，於傍晚六點結束。（↓進行方式一同共享）

請多指教。」

全員參加型的會議，最重要的就是全員都必須針對會議的最終目的，描繪出同樣的畫面。因此，在一開頭的時候絕對不能忘記目的、參加方式、進行方式這三個需要共享的項目。

或許有人會認為不必刻意每次都說，但藉由反覆轉換成話語，灌輸進眾人腦中，能讓大家特別留意此事。雖然只是件小事，但每個人的行動會就此改變，慣例會改變，會議也會改變。

近年來，有不少企業認為這是提高生產性的一環，而改革會議的進行方式，展現出成效，不過以成功案例來看，它們都很重視會議的參加規則以及目的一起共享的基本原則。

*

那麼，線上會議的展開方式又是怎樣呢？

在遠距工作的情況下，除了「鎖定的目標要一起共享」外，建議採用會讓人踴躍發言的**「發話暖身」**。

線上「會議」進行得順利的人展開的方式

「戶田先生，聽得到我的聲音嗎？請多指教」

「小山先生，今天過得好嗎？請多指教」……
「大家都到了嗎？那我們接下來開始進行會議」

在遠距工作的期間中，往往都是獨自一個人默默工作，所以不太容易有開口說話的機會。因此，在會議中為了讓聽眾能順利發言，在開始前要先來一段簡短的對話，展開發話暖身。

方法非常簡單。主辦者先進入，等候成員到來，然後一個一個叫喚對方名字，請對方開口出聲。雖然就只是這樣，但只要先展開對話，就心情上來說，也會比較讓人容易發言。

自從新冠肺炎的疫情擴大後，依據導入遠距工作的企業問卷「視訊會議相關的意識調查」（SB C&S股份有限公司）得知，開視訊會議竟然平均能縮短23・2分鐘的會議時間，而根據這樣的經驗，也在面對面舉辦的會議中帶來正向的變化，例如「減少了時間的浪費」「變得更加注意時間」。

因為線上化，而意想不到的改善了會議中時間的浪費。希望各位能在會議的展開方式上多花點心思，藉此在實體與線上兩方面都有效的展現成果。

POINT!

如果是面對面，
鎖定的目標要一起共享，
如果是線上，
在開始前要先做發話暖身

Column 2

「線上會議」進展順利的三個重點

當你主持線上會議時，要掌握以下三個重點，以求內容充實。

1. 以事前共享來縮短會議時間

會議前若能先做到資訊共享，便能縮短會議時間，充實內容。

①事前以電子郵件或聊天室來共享會議的議題

②在會議當天之前，將各自想發言的摘要做一番歸納整理，字數設定在兩百字以內，由成員一同共享。

〈優點〉

．事前先知道成員相互的意見，就能在會議前準備好提問或是要求

．不必再製作那些發表用的PowerPoint資料，能縮短準備時間

．以文字來歸納整理，有助於展開自我的思考整理

．能在會議中簡潔的說出要點

・能在會議中縮短每個人逐一說明的時間

③定期報告要事前先共享

☆事前共享資訊的會議下所用之說話方式範例

「就像我事前先以電子郵件傳達的內容一樣，今天的會議主題是要針對人物依附系統的對應方式，做出一套標準化的作業流程。我們各自所負責的作業內容，事前都已經共享，所以在這場會議中希望能根據它來製作手冊。」

2. 以名字的顯示來代替名片

參加會議的同仁彼此是初次見面的情況下，如果不知道彼此的部門或職務，將難以溝通。

因此，若能在畫面上人名標示的地方標示出公司名稱、事業所名稱、部門、名字等必要的個人資料，以此代替名片善加活用，便可明白彼此的身分立場，就算是第一次見面，一樣可以輕鬆的交換意見。

☆初次見面的人聚在一起召開的會議下所用之說話方式範例

「今天是新商品促銷的業務團隊與行銷團隊的共同專案啟動會議。當中也有人是第一次參加，所以請依照事業所名稱、部門、名字的順序填寫人名標示。」

3. 聊天室輸入的簡化規則

想要順利的推動線上會議，若能活用聊天室將會便利許多。例如中途要插話，很難找出適當的時機，所以要事先訂下規則，想發言時就在聊天室寫下「我想發言」，這樣推動會議就會順利許多。

此外，會議途中因為宅配或是接聽電話而暫時離席時，如果知會一聲「抱歉，我離開一下……」，刻意中斷會議進行，會覺得過意不去，而默默離席也擔心會失禮。

如果突然有急事也一樣，只要在聊天室裡寫下「我有急事離開一下」，就能在不中斷會議進行的情況下告知。

不過，不論是哪種情況，只要是在聊天室裡輸入文字，都得花時間，這點令人傷腦筋。因此，只要事先決定好規則，以數字來表示有可能會填寫的幾種內容，例如「想發言的時候用1」，這樣就能省去輸入文字的時間，相當方便。

☆告知會議的聊天室輸入規則的說明範例

「想發言時，請舉手或是在聊天室裡寫1」

「因為要接顧客打來的電話而中途離席時，請在聊天室中寫2」

這樣的參加規則，就算以口頭告知一樣會忘記，所以要事先製作成文章，在會議開始時複製貼上，在聊天室上共享，這是貼心的舉動。

POINT!

線上會議順利進行的三項重點

1. 以事前共享來縮短會議時間
2. 以名字的標示來取代名片
3. 事先決定好聊天室輸入的簡化規則

第2章

工作能手「引人說話的方法、炒熱氣氛的方法」

吸引人的推銷話術

讓人有心購買的商品解說

巧妙的出招回應……

1 擅長簡報的人都會「頻頻」做的事

本章要談的是「炒熱談話氣氛的方法」。

恕我突然問一句，若要送朋友或家人禮物，你會怎麼選？可能是挑選「看起來符合對方喜好，能討對方歡心！」的禮物對吧。

其實做簡報也一樣。有人說，簡報的英語presentation是源自於present（禮物）。就像贈送對方喜歡的禮物一樣，只要做出能符合對方期望的提議，成功率就會提高。

但面對客人時，你是不是會不自主的做以下這樣的說明呢？

不擅長「簡報」的人所用之說話方式

「接下來，我們這就步入正題，請看一下這份資料。這是本公司產品的特徵……」

不擅長簡報的人，往往會突然打開資料或宣傳手冊，也不問對方的意願，就開始單方面的說明起來。這樣就像是以自己的喜好強迫對方接受的禮物一樣。對對方來說，或許反而覺得無福消受。

事實上，我也曾聽說有人在對工作忙碌的經營高層或是負責人做這樣的簡報時，對方中途喊一聲「等一下」，接著說「你打算全部說明一遍嗎？不好意思，可以請你先將我想知道的事摘錄成一張A4用紙的內容後再跟我說嗎？」，而就此焦急起來，講得支離破碎。好不容易得到簡報的機會，像這樣實在很可惜。

那麼，擅長簡報的人，又是怎麼做的呢？**擅長簡報的人，不是只顧著自己說，而是以提問為優先**。在簡報的過程中，也會**「頻頻提問」**。

擅長面對面做「簡報」的人所用之說話方式

「今天可以占用您多少時間呢？」

「之前您可曾聽過類似的話？」

（一邊觀察反應）

「那麼，就先從您感興趣的其他公司引進的案例開始介紹。我已歸納在○頁，請您過目」

「這樣啊。系統有點複雜，真是抱歉。那麼，請容我在白板上用簡單明瞭的方式作成圖表」

一邊提問，一邊繼續說，只要看準這點，就能掌握對方的想法。談生意最基本的「聽」，就是仔細聽對方說話。知道對方要什麼，再順著這個方向提議。

當然了，對方不見得會100%的說出真心話。所以才要一邊附和，一邊從表情、動作、說話的語感中去推測其真正的想法，打開彼此的話匣子。

＊

如果是在線上，不容易看出對方的表情和言談間細膩的語感，談生意最基本的「聽」不太容易辦到，這是個問題。因此，線上所做的提議，不容易看出對方的反應，對此要有相當程度的了解，必須全心投入會議主持人的角色中。

擅長線上「簡報」的人所用之說話方式

「今天的提議，我想照這樣的流程來進行，各位覺得如何？首先請讓我用三分鐘的時間來說明一下提議的概要。接下來，請告訴我貴公司的需求或是有什麼想問的問題。我會具體的回答。這樣全程預定約三十分鐘左右。可以嗎？」

如果是線上，尤其是第一次見面的情況下，要建立關係特別難，在談話中就算提問，有時對方也只會做很表面的回答。因此，要事先設下「確認對方反應的機關」。

具體的做法是，**決定好自己說話的時間，以及向對方聽取意見的時間順序，並在線上簡報的一開頭就告知進行方式**。如果要在畫面上共享資料時，就照順序寫在資料上給大家看，當作是「今天的流程」。

此外，只要告知我方說話大致會占用多少時間，例如「一開始會占用您大約三分鐘的時間，來針對提議的概要進行說明」，大概就不會被中途插話了。

在新冠疫情的影響下，一下子突然切換成線上談生意，有許多習慣面對面提案的業務老手說「都快做不下去了」。詢問原因後，他們幾乎都說「因為沒辦法一邊看對方的反應，一邊推動提案」。

而另一方面，我也聽說線上談生意不是那麼看重個人的談話技巧，所以一些缺乏現場業務經驗的年輕員工都全力投入會議主持人的角色中，展現出相當的成果。

就像這樣，線上談生意對不擅長現場談業務，或是沒有業務經驗的人來說，是個好機會。提議、談生意的成功關鍵，在於掌握對方的需求。就算是線上，也務必要以做好簡報為目標。

POINT!

如果是面對面，
就要當一位聆聽者，
如果是線上，
則一開始就要告知進行的方式

2

巧妙引導出客戶的需求，高超的聽取意見祕訣

當自己的身分是客人時，會有兩種情況，一是店員前來搭話，不自主的和對方說了起來，二是無意識的用冷淡的態度答覆。你可曾想過這當中的差異是什麼呢？原因大多出在店員跟你搭話的方式。

舉個例子，假設你在一家房屋整建公司的展示屋工作。面對到店裡逛的客人，你會用怎樣的提問來問出他們的需求呢？

不擅長「聽取意見」的人所用之說話方式

你「您目前有沒有對什麼感興趣的？」

客人「不，還好。」

其實很想引出客人的需求，讓彼此聊得熱絡，但結果卻只得到「就只是有點感興

趣」「也不是現在就有需要」「只是想聽聽看你們怎麼說」這類模糊不明的答覆，覺得很傷腦筋對吧。

其實，這模糊不明的回答，問題出在「您有什麼需求嗎？」「您在找什麼嗎？」這樣的提問方式上。誘使客人做出如此模糊不明的回答，是因為你問了一個開放式的問題，讓對方廣泛的思考如何回答。

舉例來說，如果是像「想修理漏水的問題」這種「現在馬上就想做！」，帶有急迫性的需求，對方就能馬上回答，但如果是像「我家廚房有點老舊……」這種程度，就很容易會做出「還好」「就只是想逛逛」這種模糊不明的回答。

話雖如此，要是一再提問，又會讓人覺得糾纏不休，而造成反效果。

那麼，擅長聽取意見的人又會怎麼做呢？厲害的人會拋出對方不用想也能回答的問題。那就是**「選擇式提問」**。

擅長面對面「提問」的人所用之說話方式

「典雅和時尚，您喜歡哪一種？」

「考慮要整修的家庭，最為煩惱的三個問題，分別是～和～和～。您是否

也有其中一項煩惱呢？」
「本公司的施工範例在這邊。附帶問一下，有沒有和您要的感覺比較相近的呢？」

這種用YES、NO就能回答的提問，或是選擇式的提問，不用細想就能展開一問一答，所以用它來製造打開話匣子的契機，非常有效。就算提問的選項中找不到符合的答案，只要改問一句

「與您想要的感覺有哪方面不一樣呢？」

一面比較「差異點」，一面提問，這樣就行了。

「如果您喜歡時尚中帶有沉穩的感覺，日式時尚可能很適合您哦。」

就像這樣，一起發掘對方的需求，對話也會變得熱絡起來。此外，在選項中加入過

去的案例，則客人的想像也會擴展開來，成為進一步考慮的契機。

*

那麼，如果是線上，又是怎樣的情況呢？

因為會想在線上有效率的運用時間，所以建議**對第一次見面的對象能事前以電子郵件或電話大致先聽取意見**。

就算是第一次見面，線上主要也還是以聽取意見為主，所以就算是以電子郵件或電話聽取意見，一樣會比較容易得到具體的的回答。

因此，線上談生意要事前先聽取意見，以進行提議準備，當天快速的傳達要點，這樣比較能討客戶歡心。

舉例來說

擅長在線上「聽取意見」的人所用之說話方式

「因為想有意義的使用您寶貴的時間，所以可請您事先說出您的需求嗎？」

要先傳一封這樣的電子郵件給對方。

其實當初我開始在線上與人討論時，都是等線上接通後才開始聽取意見，但這樣與面對面不一樣，難以掌握對方的需求，無法做出內容充實的提議，我對此做了一番反省。

因此，歷經一再的改善後，日後如果是採線上，我一定會事先以電子郵件或電話詢問對方的需求，之後才做出研習或諮詢的提議，改成這樣的處理形式。這樣很明顯能博得客戶的歡心。

當然了，雖然經歷了從錯誤中學習，但習慣線上的模式後，提議也變得出奇順利。在提問上多花點心思，讓自己在面對面以及線上兩方面都能善於聽取客戶的意見吧。

POINT!

如果是面對面，就採「Yes，No」的選擇式提問，如果是線上，就事前以電子郵件或電話查探對方的需求

3 激起購買意願的商品說明，是「體貼型」

舉個例子，假設你為了舉辦線上講座，而前往家電量販店買網路攝影機，你問店員怎樣的網路攝影機才好。要是店員這樣向你說明，你覺得如何？

不擅長「商品說明」的人所用之說話方式

「這臺能以Full HD1080P的高畫質以及60FPS的流暢影片來拍攝串流影片，雖然價格較高，但性能絕佳哦。」

像這樣，就算將型錄所寫的性能拿出來重講一遍，但只要對方不熟悉攝影機，就會心裡想「你這麼熱心的替我說明固然是不錯，但我完全聽不懂啊……」。或許還會覺得這是在浪費時間，想回家自己上網查清楚之後再買。

因此，在此我要推薦一個用來說明的句子。那就是將**「性能＋所以＋對方能得到的**

好處」合成一套，以此傳達的方法。這是讓不具商品知識的對方也能覺得「簡單易懂」的技術。

擅長面對面進行「商品說明」的人所用之說話方式

「這臺網路攝影機雖然價格較高，但性能優異，所以您的第一臺建議要買它。」
「這臺網路攝影機用USB就能連接電腦，就連新手也能輕鬆操作哦。」
「它是Full HD1080P的高畫質，所以拍出來的效果好，能提升好感哦。」

以「性能＋所以＋對方能得到的好處」合成一套來傳達，雖然是在說明商品的性能，但最後一定還是會提到對方能得到的好處，所以會給客人一種體貼的親切印象。

在使用時，別一次塞進太多東西，一句話傳達一種性能，這是其重點。簡短的傳達，就能更簡單易懂的讓客人接受你的提議。

＊

而另一方面，線上又是怎樣的情況呢？

在線上進行商品說明時，由於難以和初次見面的對象建立關係，所以要在說服的材料中**加上客人的「口碑」**。

擅長面對面進行「商品說明」的人所用之說話方式

「這臺網路攝影機用ＵＳＢ就能連接電腦，就連新手也能輕鬆操作哦。也有許多客人向我發表使用感想，說『只要插進ＵＳＢ孔就行，不必安裝，真的很方便！就連電腦白痴的我也會用！』。」

在網路上購物或挑選店家時，都會參考Ａｍａｚｏｎ的評價或美食網站上的口碑。最近在選擇商品或服務時，人們參考的不是企業或店長說的話，而是這些用戶客觀的意見，這樣的傾向愈來愈強烈。

在線上對初次見面的對象說明商品時，若能像這樣加上客人的使用意見，接受度將就此大增，應該會讓客人覺得你是站在他的立場給提議。

現今所有東西都能輕鬆在線上買到。話雖如此，昂貴的商品或是需要專業知識的服務，雖然會在網路上收集資訊，但最終還是會和專家討論後才決定購買。而且網路上的資訊良莠不齊。有不少人都希望能找值得信賴的人討論。

因此，今後服務兩極化的情況會愈來愈嚴重，在面對面的服務下，要求的是體貼對方的細膩提案力，至於線上，則是要求快速和便利性。

在線上和面對面這兩種不同的場面下所要求具備的傳達方式，很想好好加以磨練一番對吧。

POINT!

如果是面對面，
就採「性能＋所以＋對方能得到的好處」合成一套的說法，
如果是線上，就加上客人的口碑

4

提案型營業的祕訣在於導引出「對方正為什麼事苦惱」

向顧客說明自家公司的產品或服務，但感覺沒傳進對方心裡，你是否有過這種感覺？說到提案，往往會與其他公司比較，很熱中的說到我方有多優秀，提出的方案多有利。

舉個例子，假設今天為了推動遠距工作，而提案要對仍以非電子作業為主的營業現場引進資訊管理系統。

不擅長「提案型營業」的人所用之說話方式

「推薦使用高性能、高速處理、資料容量大的T公司CRM（顧客資訊管理系統）」

若站在相反的立場，要是有人對你做這樣的提案說明，你有什麼感覺？要是過去都以非電子作業為主，現在就算對方列出系統的性能有多好，應該也還是無法明白系統的價值吧。或許還會認為「看有沒有哪家公司有比較能溝通的業務，改和他們合作吧」。

那麼，擅長提案型營業的人又會怎麼做呢？厲害的人不是只顧自己說明，而是**將焦點擺在對方苦惱的事情上，以此傳達自己的想法。**

擅長面對面「提案型營業」的人所用之說話方式

「這家T公司的CRM（顧客資訊管理系統），雖然無法在遠距工作下訪拜客戶，但能期待它發揮強化營業的功能。（↓對方觀點下的優點）因為原本採集中式管理的資訊，都能在自家或是透過手機來快速共享。（↓理由）」

如果對方問為什麼，就能回答

「因為它高性能、高速處理，而且資料容量大。」

以此傳達出它比其他公司更優秀的特徵。

重點不在於自己想說什麼，而是要傳達出「我能解決對方所苦惱的事」。對方如果發現「這對我（我們公司）有好處」，就會對你的提案感興趣，如此一來應該就會有「我說的話傳進對方心裡了」的感覺。

自己想說的話與對方所追求的事不同，這是常有的事。

因此在此建議，**要優先傳達對方會有好處的內容，採用這樣的機制來說話。**

請在空欄裡填寫，構思你的提案說法。

☆以對方的好處優先的提案方式

○○（商品、服務）能解決顧客△△的問題，實現◇◇。

因為□□（理由）。

＊

如果是在線上，這種傳達方式比面對面更有效。不過，要像面對面一樣一面聽取意見，一面提議，有所困難，所以事前要先準備好三到五個常有的苦惱。

擅長在線上採取「提案型營業」的人所用之說話方式

「您是否有這樣的苦惱呢？」事先多準備幾個這樣的提問

其實像「您是否有這樣的苦惱呢？」這種話題導入的方式，稱為**假設提案型**，在網路行銷上常會用到。就算無法聽取意見，也要**讓對方符合其中一項，發現這與他自己息息相關，加入這樣的要素**是一大重點。

如果覺得線上要聽取意見有困難，建議你使用這個方法。

舉例來說，當你要買手機時，為什麼它聽得到聲音，為什麼能使用網路，為什麼能錄影，像這些手機原本的結構，想必沒人會堅持說自己要１００％理解才肯買吧。

應該有某個想買手機的理由，再來是確認手機的安全性、成本、品質、支援等要素，如果能接受，應該就會決定購買。

同樣的，在提案時會不自主的很想針對自己所經手的商品展開細部的說明，但這並不是對方想知道的。

尤其是持續面對螢幕，容易感到疲倦的線上，更是如此。要稍微壓抑一下自己想說的衝動，務必要從對方感到苦惱的事情著手，慢慢打開話匣子。

POINT!

如果是面對面，
就以對方苦惱的事優先，
如果是線上，
則先提出幾個你預想到對方會有的苦惱

5 以提案型營業來吸引顧客的「插進對話中」

雖然重要，但有點複雜，又欠缺趣味的內容，要持續傳達給對方，同時又要讓對方保持興趣，這即使是工作，也實在很難辦到。你是否也曾經感覺到，你眼前的說話對象已快要聽膩你說的話呢？

舉個例子，假設你向人介紹保險。

無法以「提案型營業」來吸引顧客的人所用之說話方式

「這是我們新推出的保險，說到它究竟是哪裡新呢……」

就像這樣，始終都只是平淡的說明，聽著聽著，會注意力渙散。這時，人們會開始左耳進右耳出。只要一旦變成這種狀態，就很難以提案來吸引對方。

那麼，不讓顧客的注意力渙散，能巧妙將對方引進話題中的人，又是怎麼做的呢？

在此建議你**插進對話的技巧**。

能以面對面的「提案型營業」來吸引顧客的人所用之說話方式

「其實當我知道這份保險要開賣時，我腦中馬上浮現井上先生您的臉！前些日子和您見面時，您不是說過嗎。您說『如果需要看護時，很不希望給家人添麻煩』。當時我心想，這就是您要的！」

這就是**將顧客說過的話直接插進對話中**的模式。如果對方覺得你清楚記得他說過的話，應該會很高興。這就像是在告訴對方「這是專為你設想的提案」，吸引客人的效果絕佳。

說到對話的語調，率先想到的就屬單口相聲了。單口相聲表演者，會以一人分飾多角的「說話技藝」，來安排對話，將人們吸引進對話中。在談生意的場景中，也要用這樣的「對話安排」來吸引對方進入談話中。

*

而另一方面，在線上為了要強調，**會在對話前加進「停頓」來蓄力**。如此一來，就能成為更有情感，更強而有力的語句。

能以線上的「提案型營業」來吸引顧客的人所用之說話方式

「其實當我知道這份保險要開賣時，我腦中馬上浮現井上先生您的臉！前些日子和您見面時，您不是說過嗎。……（停頓）……您說『如果需要看護時，很不希望給家人添麻煩』。當時我心想，這就是您要的！」

就像這樣，在說重要的話之前先蓄力，就會讓人心想「他要說什麼呢」，產生期待效果。這麼一來，更能把人拉入你說的話當中。

線上溝通不容易傳達感情或想法，所以要**比面對面多三成的表現力**，以此當標準。

請務必將停頓與插進對話一起搭配使用。

☆插進對話的範例

「介紹者山中部長曾這樣形容井上先生。……（停頓）……『因為他很替家人著想～』。」（桌上簡報）

「杜拉克曾說過。……（停頓）……『行銷鎖定的目標，就是不需要販售』」（講座）

插進對話後，聽的人會覺得自己彷彿進入對話中，比較容易去想像談話的內容。

我在電視節目上報導時，也常會插進對話。雖是同樣的內容，但比起「根據○○選手的說法，當時的歡呼聲就像地鳴一樣，在體育場裡響起」這樣的傳話型式，若改用

「○○選手依舊很興奮的說道『歡呼聲就像地鳴一樣在體育場裡響起』」

這樣的說法，直接擷取選手說過的話來傳達，會更有臨場感，讓觀眾產生共鳴。

提案或講座需要正確的內容，這點自不待言，不過，有時也需要撼動情感，把人吸引進談話中的傳達方式。觀察對方的神情，看準「他應該聽膩了吧」的時機，適度的使用這項技巧，應該會有不錯的表現。

POINT!

如果是面對面，
就插進對話，
如果是線上，
就在重要的談話前先「蓄力」

6

讓目標對象感興趣「Before→After」的營業話術

在網路、社群網站、電車裡的車內廣告，每天都會看到健身房、全身美容沙龍、診療所、美容院的廣告。在充斥著競爭對手的店面廣告和資訊的情況下，想吸引新的顧客目光，希望能有更多人到店裡光顧，大家各自在用語上花心思，傳達想法。

那麼，假設你負責為郊外住宅街一家新開的健身房宣傳，想拉攏以前從未上過健身房的中年女性上班族加入。你要如何以傳單或社群網站來宣傳呢？

不擅長「營業話術」的人所用之說話方式

「能燃燒體脂肪，由專屬訓練師為您展開個人訓練！」

想鎖定的對象是過去從未上過健身房的女性。這麼一來，不論是體脂肪、專屬訓練師，還是個人訓練，對方都很可能會覺得「和我無關」，對此視而不見。

那麼，在這種時候，要怎麼做才能讓對方感興趣呢？

這必須**以「Before（現在的狀況）」→「After（理想的未來）」，來傳達**你鎖定的目標所在意的事，以及能從這項服務中得到的理想未來。

擅長在面對面下展開「營業話術」的人所用之說話方式

「最近洋裝尺寸變大許多的妳（Before），想不想健康的重拾二十多歲時的身材（After）呢？」

使用「Before→After」這種語句的目的，是要瞬間讓對方發覺「那或許是在說我」。這是具體將目標對象的現狀放進Before的部分中，而將理想的未來放進After的部分中。

舉例來說，最近因為遠距工作而變胖，感覺套裝穿起來變得很緊的女性，要是看到或聽到Before的文句，應該會心頭一震才對。

而接下來看到After的部分，應該就會心動，而產生「要回到二十多歲是不可能，但夏天變瘦一點也不壞……」這樣的念頭。

這裡提到的「健身房」，其實始終都是一種手段。鎖定的目標是將自己投影到Before→After中。不是要介紹健身房，而是要讓對方發覺「我這樣可能不太妙」「雖然已經死心，不過說不定我還能得到這樣的未來」。

朝After的部分加入數字，例如像「測驗評分提升○○」「多益分數提高△△分」這樣，就能展開具體的想像，效果顯著。

*

另一方面，線上又是怎樣的情況呢？

線上務必**要以視覺來傳達**。

比起讓人看文字密密麻麻的資料，以口頭來說明，如果改為使用影片或照片，更能在短短一瞬間就傳達出Before→After的反差。

例如健身房RIZAP的電視廣告，那肥胖的Before姿態與訓練後After的姿態，兩者間的劇變很有衝擊性對吧。這個廣告完全沒說話，短短幾秒的時間裡只有影片和音樂，便激起人們「竟然能改變這麼大！」「也許我也辦得到！」的衝動，而想展開行動。

最近使用YouTube、社群網站直播、Zoom來舉辦的線上體驗會，有多樣的線上工具。而在訪問的影片中，以顧客的評價來傳達Before→After也很有效果。當中也有不少免費的工具，所以就算是線上，也要積極的讓你鎖定的目標產生興趣。

POINT!

如果是面對面，就以Before→After來傳達，如果是線上，就以照片或影片來加深印象

7 在會議中能適時做出有效發言的人所用之技巧

你是否曾覺得很難在會議中抓準時機發言呢？因太過在意現場的氣氛，使得有話想說卻不敢說，明明想發言，卻一直抓不住開口的時機，就此悶在心裡。就像這樣，無法隨心所欲的發言，因而感到焦急，有這樣的經驗對吧。

無法順利的在「會議」中發言的人所用之說話方式

發言很唐突，不懂得看現場氣氛

以我的經驗，在會議中之所以無法順利與人對話，主要有兩個原因。一是心想，討論的人齊聚一堂，如果我這時候發言，別人會怎麼想，擔心別人會提出反駁。一旦沒有自信，就會心生躊躇。

而另一個原因，是心裡想著我今天一定要發言，而過度緊繃，沒多餘的心思聽別人說話的情況。

只要認真聽別人說話，就能順應現場的情勢，開口說一句「這事是這樣的」，很自然的加入話題中，但如果只專注在自己身上，就會看不清周遭的情況。就算鼓起勇氣插上一句「可以聽我說句話嗎！」，別人也會回你「那件事已經談完了」，或是「這和現在談的事無關吧」，你就此成了一個不懂得看現場氣氛的人。

那麼，懂得看準時機發言的人，又會怎麼做呢？重點在於**視線要投向正在說話的人，然後發出「接下來我想說」的信號**。

擅長在面對面的「會議」中發言的人所用之說話方式

視線持續投向正在說話的人

如果是在現實的場合中，不想發言時當然會避免目光交會。而相反的，有話想說時，只要將視線投向發言者，雙方就會目光交會。

在使用語言之前，先以這樣的眼神接觸表示「可以撥點時間給我嗎？」，像這種非語言的溝通，用在想順利與人交談時，非常方便。

而且人們通常都會將注意力集中在自己所看的地方（這種情況下指的是會議的主持人或主要的發言者），所以會議的流程也會進入腦中。因此，也會以「啊，這件事很重要對吧！」「我有同感！」這樣的附和當契機，就此加入話題中。

*

另一方面，線上又是怎樣的情形呢？

首先，在線上要中途發言，為了避免與別人說話重疊，建議採取許可制。想發言時舉手、在聊天室寫下你想發言，就像這樣，事先決定好發言規則，進行起來就會順利許多。

而特別重要的一點，就是**要傳達「為什麼要在這個時機發言」的理由**。

能順利的在線上「會議」中發言的人所用之說話方式

・傳達急迫性的範例

「關於今天〇〇先生的報告，我想補足幾件事，可以占用各位一點時間嗎？」

・傳達重要性的範例

「〇〇先生的報告中提到的客訴相當重要，我可以發言嗎？」

在現實環境下，每個人都在同一個場所裡，所以就算沒刻意說，還是能傳達出氣氛，但在線上可就不能這樣了。突然擅自插進來發言，這在線上會議中是會影響眾人的行為。

為了避免受到這樣的誤會，要簡短的說明你想發言的理由，徵求發言許可。若能像這樣留心展開仔細的溝通，別人就會認為你是一位總能在適當時機下發言的人，而對你另眼看待。

線上不會以年資或職位來排席次，而是在畫面上以人臉並排顯示的「平面環境」，這是其特徵。

也有人說，過去總是看上司臉色，避免積極發言的公司新人，會變得比較容易說出自己的意見。

而另一方面，過去單純只是靠聲音大來保有存在感的人，以及總愛為一些和討論無關的事插嘴，以一些不必要的發言造成流程中斷的人，也會就此現形。

要打造認同多樣性的企業風格，打造能提高生產性的組織，為了加以推動，會期望線上會議能更加活性化。請務必要巧妙的採用在線上推動會議的方法。

POINT!

如果是面對面，
視線要投向發言者，
如果是線上，
則要先傳達自己想發言的理由

8 在會議、開會中，將離題的談話拉回，巧妙主導的要訣

積極參與會議的結果，使得討論激烈，這是件好事，如果談話稍微離題，也有助於轉換心情。

但有人常會講一些沒重點的話，而且講得又臭又長，或是不知不覺間自我吹噓起來。因為這種人而浪費得來不易的寶貴時間，實在可惜。

舉個例子，假設你是會議主持人，在會議中有人一直離題說個沒完。

無法順利「主導」的人所用之說話方式

面帶苦笑，不發一語

如果對方是知心好友，就可以半開玩笑的出言提醒道「時間有點緊迫，請簡短一點！」，但如果對方是你有所顧慮的上司或客戶，那可就傷腦筋了對吧？

像這種時候，能氣氛和諧地主導現場的句子，就能派上用場了。

例如你想婉轉地將離題的談話拉回時，建議採用「**緩衝句＋催促結論**」。

所謂的緩衝句，是在提出委託、告知、意見、反駁時，為了不給人嚴厲的感覺，會先插進這麼一句當緩衝墊用的句子，像「不好意思……」這一類便是。

能巧妙的面對面「主導」的人所用之說話方式

「抱歉打斷您發言，如果歸納您說的話，意思是……」

「打擾您發言，真的很不好意思，您剛才那番話的意思，是否可以解讀成是○○呢？」

只要這樣說，便不會讓離題的對方感到不悅，能順利的修正軌道。另外，如果以

「您這話真有意思，不過，希望也能聽您對正題發表意見。」

「您這番話，下次再找機會向您請教……」

這樣的婉轉句子來拉回正題，便不會惹對方不高興，同時也能讓對方察覺自己講太多了。

不會讓人覺得不舒服的祕訣，在於避免表現出戰戰兢兢的態度，而是以爽朗的語氣表達出**「我真的很想繼續聽，但因為時間無法配合，很抱歉」**的感覺。

*

這項技巧在線上同樣也用得上。

線上只要事先訂好發言的規則，那些主導型的人應該就比較不會擅自帶偏話題，但還是有講話會迷航的人自己冒出來，有時還會意見對立，氣氛尷尬。

像這種時候能派上用場的，就屬能重新主導現場的句子了。

能巧妙在線上「主導」的人所用之說話方式

・替講話會迷航的人解危的範例

「總結來說，是怎麼一回事呢？」

「就結果來看，關於〇〇，到底是怎樣呢？」

・當氣氛變得尷尬時

「可以在這裡先整理一下剛才說的話，確認一下方向性嗎？」

事先準備好幾個主導這種場面用的句子，等真正遇上時才不會慌亂，重要的是，事後人們會誇你「場面控制得很好」「果然有一套！」。

播報員也一樣，擁有技巧，能主導來賓談話的人＝有能力的播報員，算是一種評價的標準。想要成功主導，時機與語句是兩大關鍵。為此，要一邊聽對方說，一邊從中掌握他這樣發言的用意。藉由這麼做，能從中看出插話的適當時機，同時也會有適當的語句浮現腦中。

儘管如此，當討論熱烈，停不下來時，以及想讓講個不停的人安靜下來時，我有個祕招。

這方法就是**看準對方換氣的瞬間插話**。

看準對方吸氣的時機，插上一句「不好意思，我可以插句話嗎？」「雖然還沒說完，但得先進入下個主題了」，將談話方向拉回正題。當真的遇上這種情況時，請試著用用看。

POINT!

如果是面對面，就用「緩衝句＋催促結論的句子」這種主導現場的句子，
如果是線上，
則要事先多貯備幾個主導現場用的句子。

9 巧妙的指揮部下行事的上司，不會引發想法「落差」的指示方式

網路有不少人在上面發牢騷批評上司。當中有一篇發文寫道「上司們下達的指示，累得我人仰馬翻」，吸引了我的目光。在你的職場中下達工作的指示或委託時，是否有人會採用這種說法呢。

舉個例子，假設你向部下下達準備會議資料的指示。

> **不擅長下達「指示」的上司所用之說話方式**
>
> **「先處理那件事。我會用電子郵件寄資料給你，就像平時一樣處理，麻煩你了。」**

聽上司說一句「先處理那件事」，部下滿心以為是要印刷，結果上司的意思是要拜託他做版面設計，這是彼此的認知很容易產生落差的指示模式。

在下達指示或委託時，就像這樣，只說「這個麻煩你了」「那件事先處理」，完全用代名詞「這個、那個、哪個」來指稱的人，是否也存在於你周遭呢？在同樣的空間裡工作的成員，有時也會不自主的心想「就算沒刻意說，他應該也會明白吧」，而以省略的指示來交代事情。

然而，之所以會招來意想不到的失誤，都是起因於此。不管彼此有多近，對方與你腦中所描繪的「地圖」並不一樣。

那麼，善於下達指示的人又是怎麼做的呢？為了能在對方的腦中也畫出自己腦中的地圖，**要將5W1H所需要的內容轉成語言，下達指示。**

擅長面對面下達「指示」的上司所用之說話方式

「我會寄資料給你，可以請你參考上次的資料，對會議用的資料進行版面設計的調整，在後天星期五前完成嗎？接下來我要去拜訪客戶，如果有不懂的地方，隨時都可以打電話給我。」

就像這樣，捨棄「不用說也知道吧」的這種先入為主的觀念，為了讓對方可以具體想像出到底該做什麼才好，要轉化成語言來傳達。

最後再補上一句「如果有不懂的地方，隨時都可以問我」，這樣就親切多了。

*

那麼，在遠距工作下又是怎樣的情形呢？在遠距工作下，除了電子郵件或聊天室外，若再加上指示書、電話一起合併使用，就能下達萬無一失的指示。

擅長在線上下達「指示」的上司所用之說話方式

（以電子郵件）

「下禮拜公司內部會議用的資料，能請你在後天星期五前完成嗎？它的綱要我已經寫上，請整理成就算在線上共享，也一看就懂的版面設計。

版面設計請參考上次的資料。

如果有不懂的地方，請隨時打電話來聯絡一聲。」

如果是遠距工作，似乎有不少人會認為，為了一些瑣事一一詢問很不好意思。因此彼此的認知上會出現落差，重作的情況增加，效率低落，這種情形時有所聞。

因此，希望在遠距工作中，能特別以商業溝通最基本的5W1H來傳達指示，以避免遺漏必要事項。

不要比面對面的情況使用更多指示代名詞，要多使用具體的數字和固有名詞。「用～的感覺去做」，像這樣說法，不同的人聽了會有不同的感受，所以要避免用這種感覺性的表達方式。

或許有人會覺得這樣有點見外，但在線上下達指示時，**感覺要像在對部門外的人員訂貨時一樣，讓不認識的對象也能按照說明去作業，要以達到這種水準為目標**。

不過，如果是用口頭就能馬上搞定的傳話，有時寫成電子郵件的文章反而花時間。因此，如果會頻繁下達指示時，就要**活用「指示書格式」**。

在指示書上先創立工作或作業內容的步驟和方法等必要的項目。在上面逐條寫下後，就不會比從頭寫文章更花時間了。

而接受指示的一方，只要按照指示書作業即可，這樣容易確認，也會減少更改重做的情形發生。

此外，也建議採取電話一起合併使用的方法。以電子郵件附上資料時，可以說一句「今天下午三點，我會打電告訴你這件事的委託內容，可以嗎？」，以五分鐘左右的時間用電話與對方溝通。

指示和委託，原本應該是當場消除彼此在認知上的落差才理想。但如果是遠距工作，，就難以展開這樣的溝通，這是現狀。即使是線上，也希望各位能在做法上多花點心思，避免彼此產生認知上的落差。

POINT!

如果是面對面，
就將腦中的地圖具體的轉化為語言告訴對方，
如果是線上，
就一併使用指示書和電話

指示書格式樣本（隨選講座製作）

> 務必要先寫下發件者和聯絡對象

指示號碼　4-413
製作日　202●/5/20
負責人　青春一朗
ichiro@company.co.jp

> 記載對誰下達指示

委託對象	WACHIKAWACHIKA Communications 股份有限公司 阿隅和美
委託者	○× 研習中心股份有限公司
講座名稱	向播報員學說話講座
作業範圍	製作講座內容 錄製講座影片 編輯
交期	202●年6月12日
交貨方法	以資料交貨
有無製作資料	有

> 作業範圍是從哪裡到哪裡，務必要先明確界定

> 具體記載交貨內容

內　容	
對象	進公司不到三年的員工
時間	60分鐘
舉辦方法	隨選播送
播送期間	202●年7月1日～7月31日
目的	學習商業技巧
需求	==================================== ==================================== ==================================== ======
備　考	

> 交期是從什麼時候到什麼時候，期限必須明確記載

> 歸納具體的需求

10 當客戶、上司拋來「意想不到的話題」時，厲害的出招回應方式

舉個例子，假設你和客戶、上司一同吃飯。在用餐時談到工作以外的話題。要是突然拋來一個意想不到的話題，你會怎麼辦？

不擅長「出招回應」的人所用之說話方式

客戶「關於最近日本的狀況，你怎麼看？」

當事人「咦……這、這個嘛……這問題我沒細想過……」

如果只是說一句「不清楚」「這問題我沒細想過」，就這樣結束話題，那麼，這難得同桌的機會就這麼泡湯了。最糟的情況，還會就此失去信賴感。

那麼，在這種時候，該如何回應才好呢？要將它反映在符合自己情況的話題上，**用一句「就我個人來說」，來傳達自己特有的意見**。

擅長面對面「回應」的人所用之說話方式

「我有很多感想，不過對現在的我來說，最關心的是關於育兒的事。我住的地方，是有很多兒童無法上幼稚園的地區，從今年四月起，能否進附近的幼稚園就讀，是我最關心的事了。我深深覺得，日本目前實在還稱不上女性可以放心工作的環境。」

好不容易拋來的話題，一定很想好好回應。但精通各個領域的人畢竟是少數。

當對方拋來意想不到的話題時，別想要成為評論家，要決定好範圍，鎖定好「自己特有」的焦點，這樣就容易開口談，而不會被逼入無話可說的窘境。

這時，只要事先**很謙虛的聲明一句「其實我也不是很清楚」「這始終都只是我個人的淺見」**，就可以放心了。

就像這樣，善於應答的人不會想要逞能，說得天花亂墜，或是打腫臉充胖子，而是如實的回答。

享受美味料理時，人多半都心情愉悅。美國的心理學家葛瑞格利・拉茲蘭（Gregory

Razran）發表一份研究結果指出，「在用餐時提出的意見往往會被接受」。

在談生意的場面中，能將這種效果發揮至最大極限的，便是「午餐技巧」，同時也要求得有高超的談話能力。

*

那麼，線上又是怎樣的情況呢？

在線上的情況下，在以自己特有的內容出招回應前，要**先將對方談話的要點複誦一遍，傳達出「你們的對話我都有仔細聽哦！」的含意**，這是重點。

擅長在線上「出招回應」的人所用之說話方式

「根本先生在意的是對奧運的對應做法，山本先生則是在意股價的動向。而對我來說，最關心的事莫過於育兒了……」

線上不容易了解彼此的狀況，所以要像這樣轉換成話語，讓對知道「我有在聽你們說哦」，如此一來，就能在良好的氣氛下持續交談。多花點時間做這件事，是促成線上對話的祕訣。

儘管是線上，也開始頻繁的舉辦起不同業界間的交流會或活動。

試著參加線上聚會後發現，比起現實世界中的聚會，線上常會一起聊正經的話題，如果是抱持目的參加，可以樂在其中。

線上的交流場面，是讓人認識你個性的重要時刻。以談話來炒熱氣氛的人，會給人「很重視夥伴」「想和他一起共事看看」的好印象。

如果有人拋來意想不到的話題，別用一句「我不清楚」隨便帶過，試著拿出誠意好好回應吧。而在分享個人特質這部分，比面對面更困難的線上，反而是建立關係的絕佳機會。請透過對話，快樂地拓展自己的人脈。

POINT!

如果是面對面，
就以自己特有的內容來傳達，
如果是線上，
則先複誦對方說的話之後再說

11

讓人覺得「真是來對了！」的講座舉辦方式

如果以講師的身分站向講座或研習的講臺上，心裡會想，既然要辦，就希望能辦得成功，讓聽眾很開心的覺得「真是來對了」「受益良多」。

但有時候，這種希望聽眾能感到滿意的心情，與做出的行動卻背道而馳。

不擅長主持「講座」的人所用之說話方式

單純照著文稿或投影片的資料內容，自顧自的念稿

「在時間內多傳達一些知識，這也是為聽眾好」，有人會這麼想，而自顧自的朗讀資料，持續展開說明，但很遺憾，身為一位講師，這樣實在不夠稱職。資料只要自己看就會懂，所以這樣無法讓聽眾感到滿意。

那麼，擅長的人又會怎麼做呢？善於提高滿意度的人，會利用講座的空檔時間，展開「講師與聽眾間的交流」。

擅長主持面對面「講座」的人所用之說話方式

利用講座的空檔時間展開溝通

在講座、演講、研修的場合中擔任講師的角色，並非只要做正確的說明就好。其實提高聽眾滿意度的重點，在於謀求「內容」與「交流」的充實。聽眾之所以會覺得「真是來對了！」，是因為**知識上的滿足與情感上的滿足，兩者全都齊備**。

舉例來說，雖然能得到有助益的資訊，但講師要是一直都盯著電腦畫面看，自顧自的說，或是聽眾沒人發言，始終保持沉默，會感覺如坐針氈，整體的滿意度不會提升。

如果是營業講座，少了滿意感，就不會促成「個別諮詢」或「簽訂契約」。聽眾的滿意度就是這麼重要，握有講座成功的關鍵。

話雖如此，如果不習慣，光是講課就已竭盡全力，就算別人要你「謀求與聽眾間的交流」，也沒餘力辦到。

因此，我推薦**利用空檔時間與人溝通的方法**。

這時候的溝通會鎖定兩個目標。一是講師與聽眾，以及聽眾與聽眾之間感受的交流，二是了解聽眾的理解度與需求，反映在講座的主持上。以這兩個目標謀求「內容」與「交流」的充實。

那麼，在此介紹交流的方法。如果是現實世界中的講座，在開始前，或是演講中、休息中，要主動跟聽眾搭話。

舉例來說，如果是講座開始前，就說一聲「今天請多多指教」「今天承蒙專程前來參加，謝謝各位」，一邊打招呼，一邊以閒聊的口吻問道：

「在這場講座中有什麼想問的嗎？」

「關於研習的主題，是否在職場上曾成為話題呢？」

「是否覺得有哪件事會成為課題呢？」

像這樣稍微拋出提問，來擷取聽眾的需求。此外，在休息或是演講的時間，也可以主動問一句

「有沒有哪個部分比較難懂？」

來確認聽眾的關心度和理解度。

而在講座中，若能說一句

「剛才有人提出這樣的意見……各位是否也很在意呢？那麼，我在此特別介紹一個相關的例子吧。」

像這樣臨機應變的對應，就能與聽眾展開交流，而聽眾的理解度和滿意度也會隨之提高。

＊

另一方面，線上講座又是怎樣的情況呢？

如果是線上，無法在會場內四處走動與聽眾交談。但講師要是一直自顧自的說，聽眾又會聽膩。

因此，在此推薦「廣播ＤＪ式交流」的方法。

雖說叫「廣播ＤＪ式」，但並不是要說得像那些專家一樣流暢。只要像廣播ＤＪ一樣，**想像與聽眾（參加者）對話、交流的畫面**，這樣就行了。

擅長主持線上「講座」的人所用之說話方式

採廣播ＤＪ式交流

線上有人在參加時會關閉攝影鏡頭，所以希望以聲音展開的溝通能更為充實。因此，這時候所追求的是像廣播節目般的交流。

在廣播節目中，主持人會念出推特或ＬＩＮＥ等社群網站收到的訊息對吧。我想，線上講座的交流，和這種與廣播聽眾建立關係的方式很接近。

在此介紹具體尋求溝通的方法。

這當中有各種可使用的工具，不過，在此推薦的不是那些設定和運用都很困難的工具，而是善用聊天室、麥克風、問卷功能的簡單方法。

・使用聊天室功能的方法

在講座中以聊天室請人回答提問。

講師「以前曾參加過簡報研習的人，請輸入1，沒參加過的人輸入2，不記得的人輸入3。」

講師念出聽眾寫在聊天室裡的答案，表達感想。

講師「回答2，沒有經驗的人相當多呢。學習做簡報的機會出奇的少對吧。」

・使用麥克風的方法

在聊天室裡請人寫下提問或感想，對於當中感到在意的意見或感想，請該位聽眾打開麥克風，向全體發言。

講師「那麼，請在聊天室裡寫下在這個項目中學到的最大收穫」

「謝謝各位這麼快就填寫完畢。各種學習收穫都有呢……（念出當中的幾則）」

「因為機會難得，可以向其中幾位請教一下嗎？

那麼，請問上野先生，您在上面寫『這項指導方法可以馬上活用』。方便的話，可以請您發表一下嗎？看能在什麼場面下加以活用。」

・使用問卷功能的方法

如果是習慣用線上系統的人，就能活用問卷功能，在線上講座中進行簡單的問卷，朗讀問卷的結果，這樣能促成彼此的溝通，同時也能掌握聽眾的理解度，在此大力推薦。

在面對面的講座中，能透過豪華的會場和飲料服務，來提升聽眾的「滿意度」。但如果是線上講座，就無法使用這些方法。那麼，要如何提高滿意度呢？

這得看聽眾本身與講師或其他聽眾之間能展開何種程度的交流而定。對於因為遠距工作而常窩在家中的聽眾來說，線上的「接觸」感覺比較自在。

主辦者要積極的與聽眾交談，製造機會讓聽眾相互交談，刻意營造出一個感覺可以

「快樂交流」的空間。

POINT!

如果是面對面，
就要以空檔時間的對話來交流，
如果是線上，
就要以聊天室或問卷來促成雙向溝通

12 防止講座的聽眾中途注意力渙散或退出的「插問」技巧

就算是再感興趣的主題，要是單方面一直展開說明，沒完沒了，一樣會感到倦怠。人的專注力有其極限。在此舉葡萄酒研討會演說中的一個場景為例。

製造出「退出者」的人所用之說話方式

「夏多內是世界上最知名的白葡萄酒專用葡萄品種，產地以法國勃艮第最為聞名，不過在美國加州，這也是栽種數量最多的白葡萄，除了沒栽種葡萄的邊陲之地外，全世界都栽種這種葡萄。夏多內的特徵有點一言難盡，甚至也可以說，沒有強烈的特色，就是它的特色……」

這篇說明，如果以文章來閱讀，淺顯易懂，但如果是在講座上聽人演說，則太過單調。為了讓人可以長時間持續聽下去，需要花點心思，不會讓人覺得膩。這得採用**在說明中插入提問**的方法。

擅長「初次見面問候」的人所用的說話方式

「夏多內是世界上最有名的白葡萄酒專用品種，產地以法國勃艮第最為聞名。大家也都知道夏多內吧？（提問）

這是在美國加州也大量栽種的白葡萄，除了沒栽種葡萄的邊陲之地外，全世界都栽種這種葡萄。

那麼，各位能馬上在腦中浮現它氣味的特徵嗎？（提問）

……（停頓）……

夏多內的特徵有點一言難盡，甚至也可以說，沒有強烈的特色，就是它的特色……」

像這樣加入提問，由單方面的說明改為詢問，就此與聽眾互動起來。

人們有個習性，當拋來提問時，便開始找答案。利用這個習性，不時的提問，積極的讓聽眾專心聽講。這個時候，在問一句「各位知道嗎？」之後**，先環視群眾，點點頭，停頓一拍後，再接著往下說明**，這樣就能產生明快的節奏。

講座或研習，最重要的就是營造一個能讓人主動參與的場所。建立這樣一個知性對話的場所，是成功的關鍵。

＊

以線上的情況來說，會想更頻繁的取得溝通。

說明的語句，語尾會不自主的變成提問的語調。

在線上講座中不會製造出「退出者」的人所用之說話方式

「各位喜歡白葡萄酒嗎？」

……（停頓）……

「附帶一提，你們認為世上最有名的白葡萄酒用的葡萄品種是什麼？」

……（停頓）……

「沒錯，就是夏多內。除了沒栽種葡萄的邊陲之地外，全世界都有栽種。

那麼，有名的產地是在哪裡呢？」

……（停頓）……

「產地以法國的勃艮第最有名，不過其實這是美國加州栽種最多的白葡萄……」

說話時，要加入一些停頓，讓對方可以做出「嗯」「原來如此」這樣的附和，謀求雙方溝通。

播報員在廣播中自己一個人對麥克風說話時，也是用這種方法。請務必要把這篇文章念出聲來，體驗說話的節奏感。

補習班的名師也不會只是單方面的授課。為了不讓學生們感到厭倦，會頻繁的拋出提問，讓學生去思考，對上課有參與感。學生們也會樂在其中的參與，就此提升學習效果。

記憶結構，是暫時將短期記憶貯存在腦中一處叫海馬迴的部位，然後判斷是否要送往大腦新皮質存成長期記憶。位於海馬迴旁邊的「杏仁核」，是掌管情感的部位。

杏仁核活絡，海馬迴也會跟著一起活絡，所以伴隨情感一起發生的事，會長期留存於記憶中。換句話說，若懷抱興趣與熱情，自發性的學習，記憶就會比較容易保存。請務必要用提問的語調，讓聽眾不會覺得膩，提升講座的效果。

POINT!

如果是面對面，
要在說明中插入提問，
如果是線上，
則要將說明改成提問語調

第3章

工作能手的「確實傳達重要事項」的說話方式

會議、簡報下的想像說話法
展現說服力的商談技巧
視線的使用方法……

1 擅長在會議和提議中「獲得認可」的人所奉行的法則

本章會在會議、談生意、講座……等場面下，來看看怎樣的說話方式可以消除「無法清楚傳達想法」的問題。

你是否曾經在會議或提議時，發言到一半，有人向你提出質問「換句話說，你到底想說什麼？」

舉個例子，假設在公司內的會議上，有人針對減輕部門負擔做出提議。

不善於取得「認可」的人所用之說話方式

「這是IT部門的提案，因為新冠疫情，急著推動遠距工作，但公司裡有員工不熟悉IT領域，電腦也用不慣，得針對連接公司雲端的方法或資安進行教育，像這類不屬於原本業務的支援工作增加許多，再這樣下去，原

本與外部供應商討論所需的時間，都轉到公司內部業務支援上了，使得原本的業務處在停步不前的狀況……」

這是「說話沒重點」的典型模式。就只會叨叨絮絮地陳訴業務窘迫的情況，但最重要的是「想要說明什麼」，這點一直遲遲沒說。這麼一來，雖然明白你的心情，但這席話沒完沒了，看不到終點，就算被人質問一句「然後呢，你到底想說什麼？」，也是沒辦法的事。

另一方面，有人手段高明，總是能巧妙獲得認可。重點在於以「結論優先」的原則，清楚傳達自己想說的話。

擅長面對面來獲得「認可」的人所用之說話方式

「我提議減輕IT部門的公司內部支援業務。

會這麼說，也是因為IT部門與遠距工作相關的支援業務突然暴增，壓迫

到原本的工作。

以數字來看，比起引進遠距工作前，公司內部支援的工作增加了約30%，相對於此，原本IT部門的業務，例如與公司外的供應商磋商的頻率也減少了約20%。

就像這樣，支援業務的負擔，導致原本業務相關的溝通機會隨之減少。

在此針對支援業務負擔的減輕方法做了一份歸納整理，請斟酌研討。」

就像這樣，如果先說出結論，就能看出話題的終點，就算過程中說得有點冗長，對方應該還是肯聽你說完。說完結論後，再交代詳情。如果對方表現出感興趣的樣子，再接著說「我們部門內部整理出三個改善方法。在此說明一下概要……」，這樣就行了。

像這種時候，最方便好用的，就是**先說結論的一種結構法，名為「PREP法」**。

PREP法，**是以Point＝結論、Reason＝理由、Evidence・Example＝根據或範例、Point＝結論這樣的順序來組成說話內容的一種手法**。就算是說話整理不出重點的人，採用先說結論的方式，說起話來就會比較順利，所以推薦大家使用。

前面「擅長面對面來獲得『認可』的人所用之說話方式」中的例子，也是以

PREP法組成。

「我提案減輕IT部門的公司內部支援業務。」↓**P＝結論**

「會這麼說，也是因為IT部門在遠距工作方面的相關支援業務突然暴增～」↓**R＝理由**

「以數字來看，比起引進遠距工作前，公司內部的支援工作～」↓**E＝根據**

「在此針對支援業務負擔的減輕方法做了一份歸納整理，請斟酌研討」↓**P＝結論**

為了做出能被認同的提議，請務必要活用PREP法。

＊

如果是線上，會比面對面更要求先說結論，採取清楚明確的說話方式。

不過，有件事希望能特別留意。那就是說話口吻別過於嚴厲。

一旦先說結論，自己的主張就會變得明確好懂，但相反的，線上特別容易因為說話方式而給人嚴厲的印象。彼此想說什麼就說，這原本是最為理想的關係，但考量到實際的問題、複雜的人際關係，有時候還是很難有話直說。

像這種時候，要在前後加上緩衝句。

「其他部門也因為新冠疫情而吃足了苦頭，這點我也很了解……」

「不過，我擔心要是原本的業務停滯，反而會對業績帶來不良的影響。」

像這樣做，嚴厲的印象就會變得緩和許多。

別讓好不容易做出的結論就此埋沒，要適度的插進緩衝墊，以先說結論的方式，巧妙的傳達你想說的話。

自己想說的順序與對方想聽的順序不同。我們往往會不自主的優先說出自己想說的事，但對方想知道的是你談話的終點。你想做什麼，希望對方做什麼，就以結論優先的方式來說明吧。

POINT!

如果是面對面，
就以先說結論的方式來傳達，
如果是線上，
則要插入一些緩衝句，避免語氣過於嚴厲

2

能準確說明情況的人，「在腦中描繪的畫面」

假設你在會議中說明提案的主旨。要向外部人士說明現場發生的事情時，你是不是認為要讓對方聽懂，就應該鉅細靡遺的交代清楚呢？

不擅長「說明狀況」的人所用之說話方式

是技術部門向我反映，業務方面希望能推派講師，負責七月上旬的線上講座，不過，之前負責面對面講座的鈴木先生因職務異動，所以改由沒經驗的人負責，加上這次系統版本更新，規格大幅改變，必須重新準備引進的範例和資料，所以得花時間準備，以我目前收到的行程表，恐怕時間上來不及，因此，也有人提出意見，想說開始的時間可否延後兩週左右。

想要提高說話的效果，可藉由日的來改變說話順序，效果顯著。在前一項中，因為是想傳達自己的主張，所以才要「先說結論」。而這次的案例則是要在說明狀況的場合下採用的傳達方式。善於說明的人，**一開始會先簡短的傳達全貌，讓人看出他說話的「地圖」**。

擅長面對面「說明狀況」的人所用之說話方式

「關於業務想要的線上講座，考量到準備時間，希望將開始時間延後兩週左右，在七月中旬舉辦，不知可否？特在此提案。」

（↓發生什麼事，打算怎麼做＝說話地圖）

「部門內部檢討後，因為負責的講師換人，且講座所採用的系統規格大幅變動，研判原本期望的七月上旬會來不及準備。」

（↓概要、理由）

「具體來說，原本資深的鈴木先生人事異動，改由新負責人接手，所以會先進行部門內演練。此外，隨著系統規格的變動，收集新的範例和資訊進行分析等準備工作需要多一點時間。」

（↓也有這種情形）

「簡單易懂！」要讓人說出這句話，重點是要在開頭傳達談話內容的概要，讓人知道「發生了什麼事」。

舉個例子，假設你去參觀動物園。你應該會先看園內地圖，明白哪裡有怎樣的動物，有什麼休息施設，對整體的構造先有一番掌握後，才會開始逛。

同樣的道理。所謂簡單易懂的說明就像這樣，一開始就要傳達談話的整體地圖。

＊

如果是線上，則更加要求簡單易懂。

而說得又臭又長，掌握不到重點的說明，會比面對面更加令人受不了。說話的效果與內容長度呈反比。說明不見得愈瑣細愈好。

因此，在線上傳達想法時，我希望各位務必要參考新聞的傳達方式。電視新聞當中有許多隔著畫面傳達想法的提示。

其實就算是新聞，為了對不特定多數的觀眾和聽眾展開「簡單易懂的說明」，一開始會採取傳達地圖的手法。如果學會將方便許多，在此介紹新聞的構造，供各位參考。新聞的構造主要由三者構成。

尤其是在透過畫面來說明的線上會議中，若採用這種新聞的傳達方式，應該會更加淺顯易懂。

①名為「內容提要」，說明「發生什麼事」的部分
②新聞的概要、理由、背景
③「也有這種情形」的狀況、感想、小插曲等等

就以實際的新聞原稿為例，看看是怎樣的情況吧。

☆大雪的新聞範例

①內容提要：
「因為受下雪影響，在新潟縣內的關越車道，有1000多輛車動彈不得。」
②概要：
「目前沒有改善的跡象，東日本高速道路決定透過新潟縣，請陸上自衛隊支援除雪作

業。」

③狀況的詳細：

「一名卡在車陣中的男性說『從下午五點左右起，約有九個小時都困在車內動彈不得。沒想到雪會下這麼大，沒有食物也沒水。接下來會怎樣，幾乎沒任何資訊，教人相當不安』。」

像這樣解說後，符合「地圖」的是「①內容提要」。在「內容提要」下，只要能了解「發生了什麼事」即可。就算5W1H沒有全部包括在內也無妨。

建議以**時間十五秒內，文字八十字以內**為基準。

接著是②新聞的概要、理由、背景，以及③「也有這種情形」的狀況、感想、小插曲等。

這種新聞傳達方式的便利之處，在於如果沒時間，可以「從下面往上刪」。

它是按照重要性高的順序構成，所以當有人突然開口對你說「請簡短一點」，也可以不慌不忙，以「從下面往上刪」的原則加以因應。

新聞現場總是時時與時間打仗，所以會像這樣採取「配合時間限制刪減」的彈性對應。

不過，若是一般的線上，可能就沒這麼嚴謹。

因此，這時候希望能掌握的重點，是在說明時**仔細決定好說話的優先順序，做好取捨選擇**。迅速且淺顯的傳達內容，防止聽眾離開。在線上時代，這是必須的傳達方式。

POINT!

如果是面對面，
要先傳達談話內容的全貌，
如果是線上，
更要決定優先順序，做好取捨選擇

3 在會議或談生意方面備受好評的人所擁有的「時間感」

恕我冒然問一句，各位知道談話時間要多長才適當嗎？

例如在婚禮獻賀辭，或是在企業的派對上致辭，不會讓人覺得「過長」的適當長度是三分鐘。這也得視說話速度而定，不過大約是800字左右。那麼，在會議或談生意時的發言又是如何呢？

在「會議、談生意」方面總是無法博得好評的人所用之說話方式

在會議中沒注意時間，一直說個沒完

人們一旦沉浸於談話中，往往會不自主的忘卻時間。但過長的談話會惹人嫌。如果對時間沒有基本了解，便會給人不好的印象，認為你是一個無視周遭的存在，一意孤行的人。

那麼，「了解時間的人」又是怎麼做的呢？**重點在於一次的發言掌握在三十秒左右，以流暢的速度向對方傳達。**

在面對面的「會議、談生意」方面，總是備受好評的人所用之說話方式

一次的發言控制在三十秒左右

三十秒有人或許會覺得短。但如果有三十秒，就能說出大致的概要。要是想談的事不只一件，可先說一句「今天我想說的事有三項」，然後分三次講，每次三十秒，一一傳達其詳細內容。然後再以回答提問的形式來展開對話即可。

其實電視或廣播的新聞，也都是歸納成三十秒來播報。當然了，如果是大新聞，由於會加入採訪或解說，時間會拉得比較長，但一般我們常看到或聽到的新聞，都是三十秒左右。

我們就來看看前面提到的大雪新聞吧。

「因為受下雪影響，在新潟縣內的關越車道，有1000多輛車動彈不得。（7秒）

目前沒有改善的跡象，東日本高速道路決定透過新潟縣，請陸上自衛隊支援除雪作業。（10秒）

一名卡在車陣中的男性說

『從下午五點左右起，約有九個小時都困在車內動彈不得。（9秒）

沒想到雪會下這麼大，沒有食物也沒水。（4秒）

接下來會怎樣，幾乎沒任何資訊，教人很不安』。（5秒）

這樣大約三十五秒。能以前項以及前前項介紹過的「先說結論」和「先傳達整體地圖」的方法，將談話內容編輯得更簡短。請務必一試。

＊

另一方面，線上又是怎樣的情況呢？

當然，三十秒的談話在線上一樣有效。

如果以當一個「了解情況的人」為目標，則**「文句精簡」是重點**。

為什麼線上得讓文句更加精簡呢？其原因在於日語的構造。

舉個例子，就像「這個蛋糕我喜歡」「這個蛋糕我不喜歡」一樣，日語就是得一直聽到最後才知道這是肯定句還是否定句，同時也才能確認對方到底想說什麼。

因此，如果文句太長的話，聽的人就非得繼續跟上發言的意圖不可，因而會感到疲憊。如果是線上，必須面對面的情況更多一分顧慮，別讓對方感到疲憊，所以要精簡文句。

就算是面對面，在類似講座這種長時間說話的情況下，我都建議大家這麼做。精簡的基準，是**刻意將一句話壓縮到平時的三分之二以下**。

來看看例句吧。

在線上的「會議、談生意」方面，總是獲得好評的人所用之說話方式

・Before

「少年選手為了要在世界舞臺上有活躍的表現，需要充分的營養補給，以打造能在世界舞臺與人一較高下的體格，比起技術的學習支援，更應該追求這方面的完備吧？」（72字）

・After

「要培育能在世界上有活躍表現的少年選手，比起技術，打造良好體格的營養補給更為優先。」（40字）

一段話40字，少了將近一半。

並非像這樣單純只是刪減，也要考量能否替換成同樣含意的短句。盡可能將重複的語句，或是即使拿掉，意思一樣能傳達的語句刪除，濃縮成最精簡的要點，這樣應該就能湊成三十秒左右的充實內容。

在線上會議或講座中，有人在參加時會關閉鏡頭，不見得每個人都會專注聆聽。所

以要了解時間，以高密度的談話內容讓觀眾願意聆聽。

POINT!

不論是面對面，還是線上，
一次的發言時間以三十秒為標準，
而線上則要更為精簡語句

4 能淺顯易懂的傳達艱澀內容的「替換說話術」

當我們在聽大學教授或研究學者們說話的時候，是否會覺得說明過於專業，艱澀難懂呢？

舉個例子，假設有一位醫師在針對市民舉辦的講座上說明血液的成分「血漿」。

無法「淺顯易懂」的傳達意思的人所用之說話方式

「血漿是血液細胞以外的成分，占血液的60％左右，剩下的40％是血球，分別是紅血球、白血球、血小板。將血液放進試管內，進行離心分離後，得到上方清澈的黃色液體成分，就是血漿。」

對醫療從業人員而言，這是再熟悉不過的事，但是對一般民眾而言，一旦夾雜了平時聽不慣的詞彙，就會覺得「好難」「不易理解」。

那麼，擅長說話的人在向一般人傳達這種專業內容時，都是怎麼說的呢？懂得用淺顯易懂的方式傳達的人，會**「替換成對方知道的事物」**。

在面對面下能「淺顯易懂」的傳達意思的人所用之說話方式

「血液可分成名叫血漿的液體，以及名叫紅血球、白血球的血球成分。
血漿是液體成分，所以如果比喻成珍珠奶茶，就像奶茶的部分。
而血球成分的紅血球、白血球則是珍珠。
血液的成分可以這樣區分。」

某位醫師在電視上將人體血液中所含的成分替換成「年輕族群知道的事物」＝珍珠奶茶，展開淺顯易懂的解說。這麼一來，瞬間就能在腦中浮現「血液的成分是液體和球體嗎」這樣的印象。

據說，當人們在腦中將過去的記憶與話語連結在一起時，就會化為「印象」，浮現畫面，而認為自己「明白了」。像這樣替換成「對方知道的事物」，有助於快速理解。

＊

線上的傳達方法有限，所以希望各位能積極的活用這個「替換」的方式。

假設你在購買電腦時，向店員詢問「您推薦哪一款」。如果在說明時，替換成客人有可能懂的說法，則情況會像下面這樣。

在線上能「淺顯易懂」的傳達意思的人所用之說話方式

「在選購電腦時，請選擇三個重點。
首先，電腦的頭腦是ＣＰＵ。轉速快的頭腦，才能快速作業。
接著是記憶體。這就像桌面。桌面大，才能一次進行多項作業。
再來是相當於抽屜的硬碟。抽屜多，才能存放許多東西。
這三者的數字愈大，性能愈高。」

就像這樣，將電腦比喻成頭腦、桌面、抽屜等眾人所熟悉的東西，如此一來，就算是外行人也能馬上在腦中形成印象，當作購買建議也會相當有幫助。

職場上的部下與上司之間發生「溝通不良」的悲劇，也是常有的事。

某家企業的業務部長，在擁有100名部下的部門內共同專案啟動會議中，展開鼓舞團隊的演講。但他感嘆大部分成員都沒有反應，也感覺不出他們的幹勁。

其實這位部長剛取得MBA（企業管理碩士），在演講中頻頻使用他在MBA中學到的學術用語。他深切反省，心想，也許成員們不是沒有幹勁，而是對他在演講中的用語含意無法充分理解。

位居領導地位的人、講師、專業職務人士，唯有能將自身的知識或體驗「淺顯易懂」的分享給對方，才能促成「我明白了，我會試試看！」這樣的行動，或是「我明白了，謝謝您」這樣的感謝之情。

「使用的話語」含意無法清楚傳達的悲劇，也許常發生在你周遭，出乎你的意料之外。請務必要用「替換」來解決這種問題。

POINT!

如果是面對面，
要替換成對方知道的事物，
如果線上，
則要替換成更貼近生活周遭的事物

5

會議的引導，以「追加補充」來順利進行！

當大家圍繞著自己所不知道的話題談得熱絡時，會有種被人晾在一旁的落寞感。而在會議中，也常會有參加者被晾在一旁的情形發生。

舉個例子，假設在一場有外部工作人員一同列席的會議中，話題聊到自己所屬成員以外的公司員工。

不擅長「引導」的人所用之說話方式

「（在場所有的人都不知道）田島先生是這次的窗口，所以應該不用擔心交期。」

外部的工作人員不認識田島先生，就算聽到有人提到這個名字，也不知道這個人是誰。發言的人絕對沒有惡意，但這會讓參加者滿頭問號。

如果現場的氣氛可以輕鬆的問一句「您說的是誰呢？」，那倒還好，但如果參加者心想「還是別打斷他比較好」，有所顧慮，不方便詢問，或許心裡就會覺得「他們談自己圈子裡的話題，讓人有種疏離感」。

那麼，能順利幫助會議推行的人，又會怎麼做呢？拿手的人會視周遭的反應，一見有人「好像沒聽懂」，就會馬上追加補充。

擅長在面對面下「引導」的人所用之說話方式

「田島先生是這次的窗口，所以應該不用擔心交期。
……附帶一提，田島先生是在工廠很吃得開的資深員工。」

如果是在現實世界中，可以從參加者的表情中看得出來，所以只要馬上隨後補充說明即可。

「經這麼一提，剛才話題裡提到的人物，大家都不認識吧」「這項資訊他們可能不知道」，發現這種情況後，馬上說一句「○○先生是這樣的人」或「關於剛才話題裡提到的○○，容我在此做個簡單的補充，他其實就是△△」，加上簡短的補充說明，讓在場所有人都能以同樣的理解度進行下去，這是其祕訣。

*

那麼，線上又是怎樣的情況呢？

由於線上很難確認參加者的細部表情，所以要先預測「這件事如果沒先對前提做一番說明，大家一定聽不懂」，然後自己先加上補充資訊，當作「簡短解說」，這點很重要。

擅長在線上「引導」的人所用之說話方式

「這次是由在工廠很吃得開的員工田島先生擔任窗口，所以關於交期應該是不用擔心才對。」

田島先生是什麼人，只要先加上簡短解說，眾人就能流暢的順著話題談下去。這是很單純的一份用心。

其實電視上也常會採用這項做法。當時我還在主持一個收視率超過10％的節目。說到10％，據說這表示有1000萬人在收看。從小孩到高齡人士，為了不讓所有觀眾有被晾在一旁的感覺，我當時採用的就是這種「簡短解說」。

例如在播報體育新聞時——

×「山本昌選手達成壯舉。」

○**「現役最年長的山本昌選手達成壯舉。」**

就算是對棒球不感興趣的人，只要加上「現役最年長」的這句簡短解說，觀眾就會明白為什麼會以新聞加以報導的原因。

在職場上也一樣。例如公司內部宣傳的場面。

×「宣傳的佐藤先先採訪報導，刊登在雜誌上了。」

○**「品牌管理的推動者——宣傳部的佐藤先生，他的採訪報導刊登在雜誌上了。」**

如果是大企業，雖然是在公司內，但只要是不同部門，就不清楚每個人從事怎樣的工作。

因此，要請人看雜誌報導，得先加上「簡短解說」。只要明白宣傳部的佐藤先生是什麼人，有興趣讀閱報導的員工應該就會增加。

如何？尤其是線上，多一份這樣的用心，會營造出更好的現場氣氛，也會對參加者的參加意願帶來影響。為了避免把人晾在一旁，要讓眾人都能跟上話題，引導大家一起抵達會議的終點。

隨著線上日漸普及，人們對於這種人稱「主持人」，協助會議進行的角色，投予相當高的關注度。

「不讓對方晾在一旁」的支援，就是主動幫忙營造現場氣氛。很想將它當作是一種「溝通能力」，好好磨練對吧。

POINT!

如果是面對面，
看到有人似乎沒聽懂，就馬上補充，
如果是線上，
就先進行簡短解說

6 在講座、簡報中，說話很自然的展現高低起伏的「想像說話法」

在講座或簡報的場合中，明明想帶動氣氛，換來的卻是一句「談話中不帶情感」「沒傳達出你的誠意」「感受不到熱忱」，你是否有這樣的經驗呢？

不善於傳達「感受」的人所用之說話方式

講話全用同一個調

像這種時候，我希望你確認的是「表現能力」。當事人自認很認真在傳達想法，但如果講話全用同一個調，就很可能會得到「感受不到熱情」的評語。

如果只是照著原稿或Powerpoint念，那就成了單純的文章朗讀，完全同一個調，很機械式的說話方式。尤其是當你心裡想，我一定要很正確的傳達，不能有半點錯誤，這樣的想法過於強烈時，情感就不會顯現在言語上。

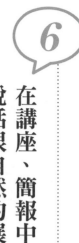

人是情感的動物，所以很遺憾，如果情感無法傳達，光靠道理是起不了作用的。

因為新冠疫情，在媒體上看到各國領袖或各領域的專家召開記者會的機會增加不少。讓許多人「感動」「深有同感」的頂極演說，都是充分傳達了情感，並運用了「音調的起伏」和「停頓」，表現力極為豐富。你注意到了嗎？

另一方面，也有完全照稿子念，感覺完全沒融入情感的記者會。

不過，「知易行難」。自己實際試著過之後會發現，要加上音調的高低起伏來傳達感情，其實相當不容易。

那麼，厲害的人又是怎樣加上音調起伏，以豐富的表現力來談話呢？

關鍵就在於**「想像內容來說話」**。

擅長面對面傳達「感受」的人所用之說話方式

想像內容來說話

所謂的想像內容，換句話說，就是在腦中畫圖。將要說的話，一面在腦中影像化，一面說出，這是其重點。

舉個例子，請一面想像「酸溜溜的梅子乾」，一面說出口。酸味是不是在口中擴散開來呢？或許臉部還會皺成一團也說不定。如此一來，說話方式也就會帶有自然的高低起伏。

*

如果是線上，會是怎樣的情況呢？

如前所述，線上不容易傳達情感，所以必須比面對面多發揮三成的豐富表現力。因此，要隔著畫面與人溝通，其祕訣就在於**面朝網路攝影機前方約四～五公尺遠的地方，以拋物線的方式發聲說話**。

擅長線上傳達「感受」的人所用之說話方式

聲音以拋物線的方式傳向前方四～五公尺遠處

想像以拋物線的方式朝遠處發出聲音，以此傳達，就會產生自然的聲音起伏。

事實上，播報員在攝影棚裡說話時，都像是對著攝影機朝遠處發聲。這麼一來，就能讓觀眾覺得像是在對他們說話一般。

想改善說話始終同一個調的人，可朝腹部使勁，讓聲音傳向前方四～五公尺遠，以這個方式說話，請務必要嘗試看看。

POINT!

如果是面對面，
就一邊想像內容一邊說話，
如果是線上，
就以拋物線的方式讓聲音傳向前方四～五公尺遠

Column 3

在自己家中也能輕鬆辦到！藉由話語來加上情感的練習法

在此介紹一個在自己家中也能輕鬆辦到，為說話加上音調起伏的練習方法。原本為了磨練表現力，有更詳細的技法和練習法，但我在此傳授各位一個容易實踐的練習法。

其1：對想突顯話語的部分，使用強弱、高低、速度的緩急、停頓

・強弱

強「今天請記住這點再回去。」

弱「這事我只在這裡跟你說……」

・速度

快「為了趕上交期，我趕著完成」

慢「偶爾來一場悠哉的午餐會議也不錯。」

・高低

高「話說（↗），請恕我冒犯」……切換場面

低「這項提議您覺得如何（↘）」……使其帶有說服力的場面

・停頓

①在讓人期待的句子前先停頓

「我的座右銘是……（停頓）……熱情。」

②在提問或呼籲後停頓，以謀求和聆聽者之間展開情感的交流

「各位怎麼看？……（停頓）……」

停頓時，保持沉默的標準是三拍。這時請**在心中默數「一、二、三」**。

其2：以新聞稿練習

想利用文章來練習音調起伏的人，有個建議使用的方法。那就是將電視的新聞稿念出

聲的練習法。

做生意的場面下，時常得傳達資訊，所以比起朗讀文學作品來練習音調的起伏，還不如念新聞稿，這樣比較實際。

電視新聞的影片或原稿，都免費公開在電視臺的網站上，可先播放播報員念的新聞，接著嘗試念出同樣的新聞稿。然後錄下自己說話的聲音回頭聽。新聞的內容要盡可能挑選自己平時在談生意時會用到的類型。

以這樣的說話練習錄下自己的聲音，回頭聽過之後，大家都會大感驚訝，異口同聲的說「我都沒想到自己的說話方式竟然都同一個調，太枯燥乏味了」

一開始練習時，要刻意加上音調起伏，到覺得「有點太誇張了」的程度，這樣就對了。

請務必要錄音，一邊回頭聽，一邊客觀的探尋「能傳達出誠意的音調起伏程度」。

POINT!

如果是線上，在習慣之前，要特別留意音調起伏和停頓，到有點刻意的程度

7

在講座、簡報時，能傳進人們心裡，「不刻意說得文謅謅」的說話方式

假設你正在店頭進行新產品的促銷活動宣傳。但客人的反應冷淡……。

明明自認已說出不少好處，但不知為何，總覺得氣氛炒熱不起來，如果是這樣，也許是因為你的說話方式太過老套，給人感覺太過「正經」「無趣」。

說話傳不進人們心裡的人所用之說話方式

「下個月，敝公司即將販售F5－12的新機種。」

使用正確的中文和文法很重要，但如果過度受到拘束，說起話來就會顯得無趣。像在新產品的展示會，或是講座、簡報等場合中，想要炒熱氣氛時，這樣子不可能炒熱得起來。因為這種說話方式就像商業文件一樣，完全遵照文章的規則走。

像報告書這種完全照規則來寫的文章，重視邏輯，容易理解，但相反的，往往內容

平淡。而像辦講座或做簡報這種想要撼動對方情感的時候，若用這種方式，則完全無法對聆聽者的內心帶來震撼。

那麼，能巧妙撼動對方內心的人，又是怎麼做的呢？

懂得巧妙撼動人心的人，會將想傳達的重點改換成「口語用語」。

在面對面下「傳進對方心裡」的說話方式

「下個月我們就要發售新機種了！就是這臺F5－12。」

我們所用之語言，可分成對話時使用的「說話用語（口語）」以及文章使用的「文章用語（文語）」這兩種。

對話要求的是迅速的傳達意思和共享情感，所以容易採取較輕鬆的表現方式，詞句的排序也容易變得紊亂，就文法來看，不適當的表現相當多。

但這樣反而比較直覺，會讓人有同感，訴求力和躍動感也會就此提高。

我這樣說，感覺好像很了不起似的，但其實以前我負責電視購物節目時，完全做不出業績，最後自己請辭，有過這麼一段痛苦的過去。而最近我向一位在電視購物方面曾創下傳奇業績，以此傲人的叫賣高手談到這件事後，他告訴我「在電視購物節目上，如果講得太文謅謅，會賣不出去哦」。要是當初我早點發現這點，那項工作也許就能再做久一點。

那麼，我們就來實際看看「口語用語」的範例吧。

舉個例子

Before「我在此拍胸脯保證，你一定也辦得到。」

試著把句中的助詞「也」拿掉吧。

After「我拍胸脯保證。你辦得到。」

「你辦得到」這個句子經過強調後，說服力就此提高。

接著如果使用「更換文字排列的方法」，會變怎樣呢？

Before「下個月會發售名為F5－12的新機種。」

原本是這樣的句子

After「下個月我們就要發售新機種了！就是這臺F5－12。」

會變成這樣，話語的氣勢就此增進不少。

如果先告知「要發售新機種」，讓人充滿期待感之後，再說出商品名稱，這樣就更能吸引注意。口語用語的訴求力，就算是在講座、簡報、投影片資料的說明中，也能發揮效果。別照著投影片資料上的文語體文章念，要改成口語用語來加以說明。

此外，要求對目標物傳達強烈訊息的廣告標語，如果用口語用語，比較有吸睛效果。

＊

線上更是不受框架拘束，要以更自由的表現來快樂的提出訴求。

舉個例子，想在講座或YouTube影片中炒熱氣氛時，「以擬聲語加上音效」來演出，應該也會有不錯的效果。

在線上「傳進對方心裡」的說話方式

「下個月我們就要發售新機種了！就是它，噹噹！F5-12。啪啪啪啪啪〈加入掌聲〉」（先以口頭的擬聲語加上音效後，再展示產品）

如果在線上講座或活動中想提高參加者的激昂情緒，可試著用這種說話方式來炒熱氣氛。

附帶一提，各位看YouTube嗎？商業類YouTube影片訂閱人數排名第一的中田敦彥先生，他的YouTube大學正是絕佳的「口語用語」寶庫。

如果將中田先生說的話寫成文字，絕不是什麼文謅謅的文章用語，但它有話語的節奏和氣勢，能讓觀眾樂在其中。例如

「完全化為語言了對吧，這本書！很有趣對不對～」

如果完全照文法規則將它重新排列，會是怎樣的情況呢？

「這是完全化為語言的一本有趣的書。」

是不是震撼力減弱許多呢。愈是平時習慣看商業文章，善於寫文章的人，在講座或簡報中愈會想說得正經八百。

當你勢在必得的時候，請先拆下「應該說得正經八百」的框架。這樣應該就能更貼近目標對象的內心。

POINT!

如果是面對面，就要使用口語用語，如果是線上，就要再加上音效來演出

8

初次見面的問候方式。怎樣才是一次就能縮短彼此距離的起頭方式？

是人總免不了有習性，說話方式也都有每個人各自的習慣。你是否曾經在長時間的講座或會議中，不自主的在意起自己的說話習性，使得談話內容完全沒進入自己腦中呢？

說的話完全沒進入腦中的人所用之說話方式

・**說話的習性多**

「呃……」「這個……」「嗯……」

・**贅詞特別多**

「關於這次您申請的計畫，呃……我們會從下個月開始採取服務的一種形式，不過，呃……您對這件事是否覺得有什麼問題呢……？」

例如像「呃……」這樣的發話詞。一緊張就很常會這麼說的人、為了調整狀況，讓自己可以說得更順利，而這樣子發話的人，以及害怕思考的時候沉默，而不自主的這樣發話的人，形形色色皆有，但無意識下就此變成說話習性的人似乎相當多。

此外，也有人常會用「……這樣做的話」或「……的一種形式」來當緩衝句或應對用語，但這不是正確的用法，請特別注意。

這類的說話習性若過於頻繁，將變成阻礙說話傳達效果的雜音，必須留意。

若從別的角度來看，要是像這樣用贅詞對談話內容灌水的話，其實根本沒說什麼重要內容，但聽起來卻煞有其事。這樣要小心，別讓人產生不當的聯想，認為「這個人該不會是內容太膚淺，想加以掩飾吧？想放煙霧彈是嗎？」。

那麼，說的話可以清楚進入腦中的人，又是怎麼做的呢？這種人會刪除無謂的贅詞，摒除雜音，只傳達有需要說的話。

「這次您申請的計畫，下個月開始服務。可以嗎？」

就像這樣，當說話習性消失後，就只剩有需要的內容會傳進耳中，所以就算長時間聆聽也不會累，也不會聽到一半失去專注力。

以下列舉幾個常會使用的無謂用語範例，供各位參考。

「進行……的動作」「……的一種形式」「對於……」「……本身」「……的部分」「……的一種感覺」「……的一種樣子」「有……的一種可能性」「例如……啦」「就……性來看」……。

「有意見指出，大眾也採取這樣的一種看法」。像這種如同官僚答覆般拐彎抹角的說法，說到最後，根本聽不懂到底想說什麼。

＊

線上的情況也一樣，說話習性肯定是愈少愈好。而透過畫面想明確傳達想法時，有個絕對要掌握的重點。那就是**要刪除語尾的雜音，說話簡潔明確**。

舉例來說，在做簡報時，有人會說「我想，那麼，我們接著看下去吧」「我想，希望能加以實踐」「我想，我推薦這個」，這是「我想」的一種誤用。「我想」一詞，用來表示只有「想」的念頭，至於要不要行動，則另當別論。當你想向人呼籲，或希望獲得協助時，以它來當傳送的訊息，顯得太過柔弱。

像這種模糊不明的語尾（※日文的「我想」都是擺在語尾），也是阻礙說話效果的一種「雜音」。

線上時，「說的話會進入腦中」的人所用之說話方式

「那麼，我們接著往下看」「我會加以實踐」「我推薦這個」

語尾要說得明確。

在電視現場，曾有人指導我，如果沒把握斷言，那就別說。在商場上也一樣，不做無法負責的發言，是理所當然的事。當你沒有把握斷言時——

「到這裡為止，我有確切的證據。而接下來，始終都只是我看過論文後所提出的見解，如果看法有誤，敬請指正。」

可以像這樣坦白的說出原因，別語帶模糊的含混過去。這樣能促成很強烈的信任。

向上司或客戶報告，有時會想先安排退路。但如果總是都使用不乾不脆的語尾，或許別人會問你一句「你是真的有心要做嗎？」。

說話的習性也可說是內心的習性（思考的習性）。讓我們一起改善說話的習性，對自己的發言負起責任吧。

POINT!

如果是面對面，
要省略話語中的雜音，
如果是線上，
則要明確的說出語尾

Column 4

說話的影響力、說服力，會因為「發聲法」和「舌頭靈活」而改變

在會議或簡報時，因為聲音太小，而聽不清楚在說些什麼，你周遭有這樣的人嗎？就算談話內容很充實，但只要聲音太小，不光內容傳達不易，聽起來也會讓人覺得很沒自信，真的很吃虧。

在優秀的商業人士當中，有聲音方面煩惱的人沒想到也不少，在我的說話訓練課程中，也有很多這樣的人。

例如聲音太小，不容易聽懂、只要想大聲講話，就會變得沙啞、被人批評聲音太尖，聽起來難受、原本就不喜歡自己的聲音等等，各式各樣的煩惱都有。

說話方法和出聲方法，學校或公司一概沒教，所以會獨自為此苦惱，感到自卑。

而另一方面，有人總是能抬頭挺胸，以宏亮輕鬆的聲音說話。這樣的人又是如何發聲的呢？

用具有影響力的聲音說話的重點，在於**鼓足氣**。

那麼，要鼓足氣來說話，又該怎麼做才好呢？

想要鼓足氣，要先深吸一口氣，讓腹部鼓起，貯蓄力量。這就是為「腹部發聲」做準備。而聲音太小，不容易讓人聽懂的人，在開始說話的階段，通常都沒做這項準備。為了好好發出聲音，要在這個狀態下開始說話，這是其祕訣。

如果還有餘力，請再加上笑容。笑容會創造出明亮的聲音。傳達聲音的重點，請記住「腹部」和「笑容」。

如果是線上，因為只限於視覺和聽覺的溝通，所以聲音的影響力比面對面還重要。

因此，在線上想進一步提高聲音的影響力時，建議使用**「鼻子呼吸」**。

鼻子呼吸可以深深吸滿氣，所以聲量會增加，輕細的說話聲會獲得改善。

如果採遠距工作，或許時常會一次好幾個小時沒說話。人要是不出聲，就連呼吸也容易變淺。這麼一來，就不容易發出輕鬆的聲音了。

因此，在舉辦線上會議前，包括「鼻子呼吸」在內，建議先做個暖身運動，像下面這樣調整聲音的狀態。

☆提高線上影響力的聲音暖身運動法

①放鬆脖子和肩膀的力氣，輕輕轉動，加以放鬆。
②打個大哈欠。打完大哈欠後，喉嚨的緊繃就會消除。
③以鼻子呼吸來吸飽氣，到腹部鼓起的程度。吸入的氣增加後，聲量便會增加，讓人容易聽清楚你的聲音。
④腹部貯滿向外的力量，在這種狀態下鼓足氣說話。這麼一來就更能讓人聽懂，發出穩定的聲音。
⑤最後再加上笑容。只要露出笑容，聲調就會變得明亮。

想放鬆時，要從鼻子深深吸氣，從嘴巴呼氣，反覆展開這樣的緩慢呼吸。深呼吸會提高副交感神經，轉換心情，建議大家務必一試。

和聲音一樣，舌頭靈不靈活，也會對說話的影響力和說服力帶來很大的影響。

尤其是領導高層、會與客戶接洽的營業場所，以及講師或就業活動的場合，舌頭是否靈活對聆聽者帶來的影響，絕不容輕忽。

話要說得清晰易懂，要注意哪些事才行呢？

重點在於「嘴巴朝縱向」張開。

日語是由「あいうえお（A、I、U、E、O）」這五個母音組成。它們各自都有正確的張口方式，如果做得正確，就會發出清楚的音。

過去我有機會檢視視許多人的說話方式，而舌頭不靈活的人，其共同特徵就是幾乎都不張口。其中，「あ（A）」段是要嘴巴縱向張開來發的音，但人們往往不是往縱向張，而是往橫向張。

它有個很簡單的改善方法，那就是在發「あ（a）」段的「あ、か、さ、た、な、は、ま、や、ら、わ（a、ka、sa、ta、na、ha、ma、ya、ra、wa）」這幾個音時，刻

意將嘴巴朝縱向張開。在進行重要的會議或簡報前先這麼做，說起話來別人就比較容易聽懂。請務必要看著鏡子，確認嘴巴是否確實的朝縱向張開，以此練習。

其實舌頭靈活和發音，與表情肌以及嘴唇、舌頭的肌力有關。嘴巴沒張開也是表情肌僵硬的緣故。面對電腦作業的時間長，很少講話的人，說話用的肌力會衰退，與年齡大小無關。

如果你是說話常吃螺絲、講話常會讓人聽錯、別人常會請你重講一遍的人，建議要鍛鍊說話的肌力，改善舌頭靈活度和發音。

POINT!

要充分善用氣，刻意讓嘴巴縱向張開來講話

9 能在簡報、說明會中吸引別人關注的人所採取的「視線運用法」

舉個例子，假設你負責舉辦一場說明會。當你想開始說明時，發現參加者全都望著手中的資料或小冊子，完全沒看你。這時你會怎麼做？

無法吸引關注的人所用之說話方式

儘管參加者注意力渙散，也不在意，仍繼續進行

如果立場顛倒，你自己是參加者的話，一旦在意起手上的資料，就會忍不住想迅速看過一遍，應該能明白這種心情才對。像這種時候，儘管聽得到講師的聲音，但是對演講的內容卻心不在焉。很遺憾，對說明根本就是左耳進右耳出，完全不會留在記憶中。

在電車裡因為專注於看手機，因而沒聽到車內廣播，不小心坐過站，各位可曾有過這樣的經驗？雖然廣播的聲音進入耳中，處在「聽」的狀態，可是卻左耳進右耳出。當注

意力不在講師的說明，而是在其他資料上時，就是處在同樣的狀態下。

那麼，懂得做簡報吸引參加者注意的人，又是怎麼做的呢？他們會**巧妙引導參加者的視線，讓人處在專心「聆聽」的狀態**。

懂得在面對面下「吸引關注」的人所用之說話方式

「請看這邊的投影片」如此說道，下達指示，等所有人都看過來

如果想在講座或說明會中展現成果，就要將參加者從「聽」的狀態，帶往積極聽講的「聆聽」狀態。所謂「聆聽」的狀態，是不光用耳朵，而是將眼睛和內心都投向說話者，用全身去聽。

那麼，要怎麼做才能讓注意力渙散的人轉為「聆聽」的狀態呢？人們的意識會朝向眼睛所看的方向。因此，開口請大家看向自己想說明的地方，這是其重點。

舉個例子，在使用投影片說明時，要告訴所有人**「請看我這邊的投影片」**，然後等候所有人將目光投注過來。希望大家看手上的資料時，便說一聲**「請打開您手中資料的第○頁」**，指示要看的地方，然後一邊環視參加者，一邊以眼神催促。如果用一句**「請看第○行的紅字」**，更細部的來引導眾人視線，就能減少「陣亡」人數。

附帶一提，聽說資深的業務員會一邊針對宣傳手冊做說明，一邊觀察客戶的視線，看對方的視線停留在哪裡，從中猜出對方感興趣的是什麼。

＊

另一方面，線上的情況又是怎樣呢？線上的困難之處，在於無法以視線確認對方在看哪裡。

因此，以電腦共享資料時，用滑鼠當指示器，引導眾人的視線移向投影片上希望大家看的部分，這是其重點。

懂得在線上「吸引關注」的人所用之說話方式

以游標指著資料中希望大家看的地方，展開說明

這麼一來，看的內容和聽的內容一致，說明比較容易進入腦中，陣亡的人數也會隨之減少。

如果不使用游標，一張投影片的文字數要盡可能減至最少。

前面提到的是針對對方的視線。其實以線上的情況來說，還有一件事也很重要。那就是**自己的視線**。之所以這麼說，是因為只要處在同一個空間裡，就算對方看別的地方，也知道視線前方是什麼，但如果是線上，看不到對方在看什麼，會感到不安。

因此，**如果自己的視線要從鏡頭前移開時，要告知自己在看哪裡，讓人放心**。而事實上，聽說有人事主任在面試時，一邊看手邊的履歷資料，一面進行面試，而結束後，應徵者在問卷中寫道「面試人員一直低著頭，都沒認真聽我說話」。只要事前先說一聲**「我會一邊看手邊的資料一面進行面試」**，應該就不會產生誤會。

辦講座時也一樣，

「今天我擺了兩臺螢幕，所以可能視線會不時的望向右邊。」

「今天是面對面和線上同時上課，所以我會看著面對面的觀眾上課。而參加線上的各位，我也會透過螢幕看著你們，請各位放心。」

只要事先這樣告知，觀眾也會感到放心。對方和自己的視線都很重要，要謹慎對待。

POINT!

如果是面對面，
就以口頭引導對方的視線，
如果是線上，
則以游標引導希望對方在共享資料上看的地方

10 不讓講座、說明會上有人陣亡的資料呈現方式為何？

講座、說明會、簡報……。一邊看著塞滿文字的投影片資料，一邊聽講師念著投影片上的文章，忍不住感到眼皮沉重，各位是否有這樣的經驗呢？

造成許多人「陣亡」的傳達方式

對著滿滿都是文字的投影片文章持續照念

・投影片範例

世界衛生組織（WHO）宣布，細懸浮微粒「PM2・5」等造成的空氣汙染，持續朝全世界擴散，一年有大約七百萬人死於肺癌或呼吸器官疾病。並指出世界人口有90％左右生活在被汙染的空氣下，有危害健康的風險。

（出處：世界衛生組織（WHO）「空氣汙染與孩童健康之相關報告書」2018）

學生時代打開課本想要用功，但過了一會兒，就遭遇睡魔來襲。據說大腦的結構只要持續進行單調的作業，例如像持續閱讀文字，就會想睡覺。

只會對著投影片照念的講座，也許是在剝奪聽講者的寶貴時間。之所以這麼說，是因為如果只是照本宣科，大可資料發一發，然後說一句「請趁有空的時候看一下」，就可了事，即使沒聚在一起，只要透過附解說的錄音或錄影也就夠了。

那麼，不會招來睡魔，能巧妙的展示資料的人，又是怎麼做的呢？重點在於**一張投影片只放一個訊息**。

在面對面下，不讓人「陣亡」的傳達方式

一張投影片只放一個訊息

・投影片的例子。

（第一張）日益嚴重的空氣汙染造成健康危害〈標題〉

肺癌或呼吸器官疾病造成的死亡人數，一年約七百萬人／全世界（在2016年的時間點）

（第二張）肺癌或呼吸器官疾病造成死亡人數增加的原因〈標題〉

・細懸浮微粒（PM2・5）等空氣汙染朝全世界擴散

・世界約90％的人口在被汙染的空氣下生活

鎖定的目標，是一眼就能看懂。因此，以一張投影片只放一個訊息的方式讓它簡單化，每張投影片各加上一個標題。標題約13～20個字左右，放在最上面的位置。13個字是人們一眼就能看懂的文字數，Yahoo新聞的標題都是由不到13個字所構成。

另一個重點是，內容不是採文章的形式，而是採條列式。重要的項目或關鍵字作成條列式，再以口頭加以補充，則聽講者的注意力會同時投向投影片和講師，可以專心的參加而不會覺得膩。當說明項目特別多時，要有別於投影片資料，另外準備現場發送的資料。

*

那麼，線上又是怎樣的情況呢？如果電腦上共享資料，就會在畫面上映出，所以往往很快就念完投影片資料。因此，要是為了讓大家容易聽懂，而刻意慢慢的念，反而會讓人覺得無趣。

事實上，聽說某位ＩＴ技術的講師在一場線上講座中，為了讓聽眾更能夠聽懂，而放慢速度念出共享資料，結果有多名聽眾在問卷調查上寫道「無聊。完全失去即時聽講的意義。簡直就像在上線上學習課」。

以講師的立場，覺得這樣做比較好，但諷刺的是，此舉反而造成聽講者滿意度下降的結果。

從中也看得出來，線上的即時參加者要求的是比畫面共享更多的資訊提供以及溝通。

因此，線上要求的不光是資料的寫法，在此也推薦**「以連環圖畫的方式來呈現資料」**。

在線上不讓人「陣亡」的傳達方式

「請看這個顯示空氣汙染嚴重程度的數據資料」（連環圖畫式的評論）

（第一張）日益嚴重的空氣汙染所造成的健康危害〈標題〉

肺癌或呼吸器官疾病造成的死亡人數　一年約七百萬人／全世界

（在２０１６年的時間點）

（簡潔的說明完投影片後）

「光說有七百萬人，可能無法想像吧。各位覺得呢？這可是相當於整個愛知縣的人口呢。而對這麼多人類的性命造成危害的原因，究竟是什麼呢……」（說到這裡，改換下一張投影片）

（第二張）肺癌或呼吸器官疾病造成死亡人數增加的原因〈標題〉

・細懸浮微粒（ＰＭ２・５）等等的空氣汙染朝全世界擴散

・世界人口約有90％生活在被汙染的空氣下

各位是否還記得孩童時代看連環圖畫，那種興奮雀躍的心情呢？就像連環圖畫一樣，不知道接下來故事會怎麼發展，要插入讓人抱持這種期待的話語，連結接下來的投影片，讓聽講者不會覺得無聊。

不論是面對面，還是線上，講師有時都會想說出自己在現場臨時想到的事。如果是在線上要補充投影片上沒提到的其他資訊時，要特別注意。因為突然提到與大大映入眼中的投影片資料八竿子打不著關係的內容，會讓聽講者感到混亂。

像這種時候，要好好的先告知一聲**「我稍微岔開一下話題」「這件事和投影片沒有直接關係」**，然後再開始說，等說完後再補上一句**「抱歉，我們言歸正傳」「謝謝另外給我這個時間。那麼，我們接著看下個資料」**，導回主軸，要多一分顧慮，避免讓聽講者感到混亂。

不管怎樣，記得一張投影片只放一個訊息，並插入連結下一張投影片的引言，不讓參加者陣亡，一直到最後都能讓他們投入內容中。

POINT!

如果是面對面，一張投影片只放一個訊息，以標題＋條列，讓人容易看懂，如果是線上，則要像連環圖畫般，加進能連結下一張投影片的引言

讓投影片資料更淺顯易懂的展示方法

在此，讓我們一起看看要更淺顯易懂的傳達投影片內容，有什麼該注意的重點吧。

・在圖表裡加入資料時

在圖表裡插入資料時，要考量到視線的動向來排版。在說明時，如果沿著視線的動向來說明，比較能清楚傳達。

人們在看資料時，最大的顯示文字會最先進入眼中。因此，關鍵的訊息要作成最大的文字來傳達。

圖表和說明也都要考量視覺因素，多花點巧思，讓它變得淺顯易懂。視線通常是由左至右，由上至下移動。配合這樣的動向，圖表或箭頭也同樣由左至右，由上而下的配置，以此加以說明。

此外，聽說左腦擅長處理文字，右腦擅長處理視覺，左腦與視野右側相連，右腦與視

投影片資料容易理解的傳達方式①

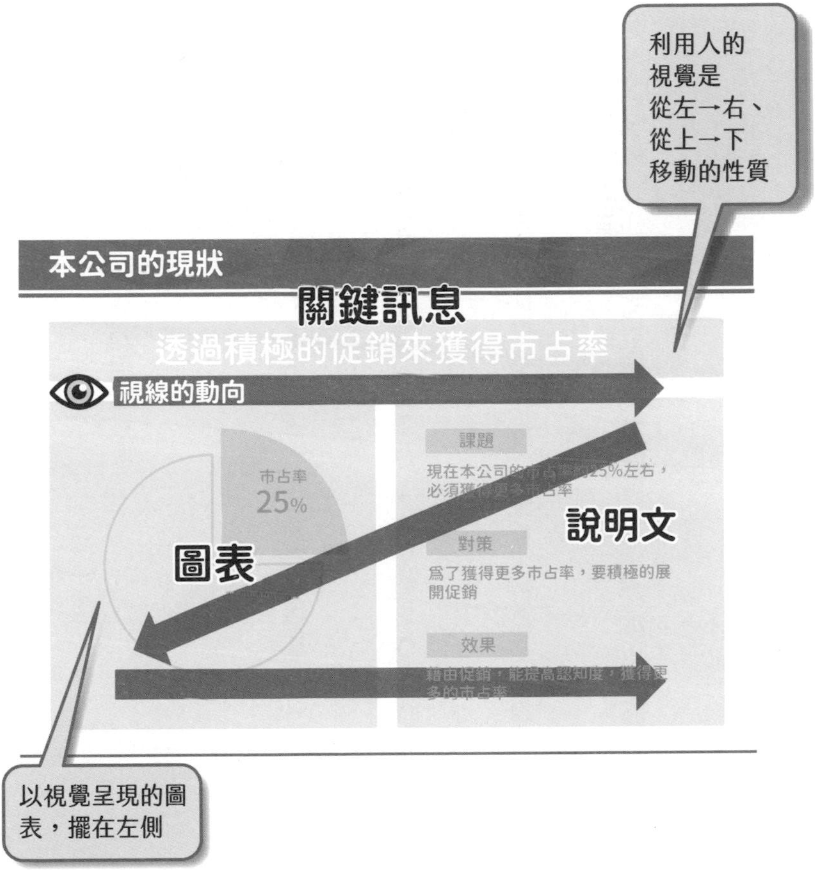

野左側相連，以此處理資訊。因此，想將「圖表與說明文」合在一起來呈現時，要將圖表放在左側，文字放在右側。

圖表要刪除多餘的刻度，採取簡單的呈現。

以口頭傳達時，要照順序來說。

①傳達整體（是什麼圖表）……「A分店過去三年的營業額變化」

②說明架構……「橫軸是年，縱軸是金額」

③傳達注目要點……「希望各位注目的是2019年到2020年的成長率。與前一年相比，營業額成長為1．5倍」

④傳達想說什麼……「就像這樣，貼合當地型的策略，符合自主管理下的需求」

對於③的注目要點，如果事先以**對話框**的形式**插入評論**，就能加以強調。

資料和談話的內容如果有連結，寫在資料上的文字就沒必要一字一句完全照念。要將資料的文章體改成口語體來說。這時如果能說一句**「這裡很重要，所以我念一下」**，傳達

投影片資料容易理解的傳達方式②

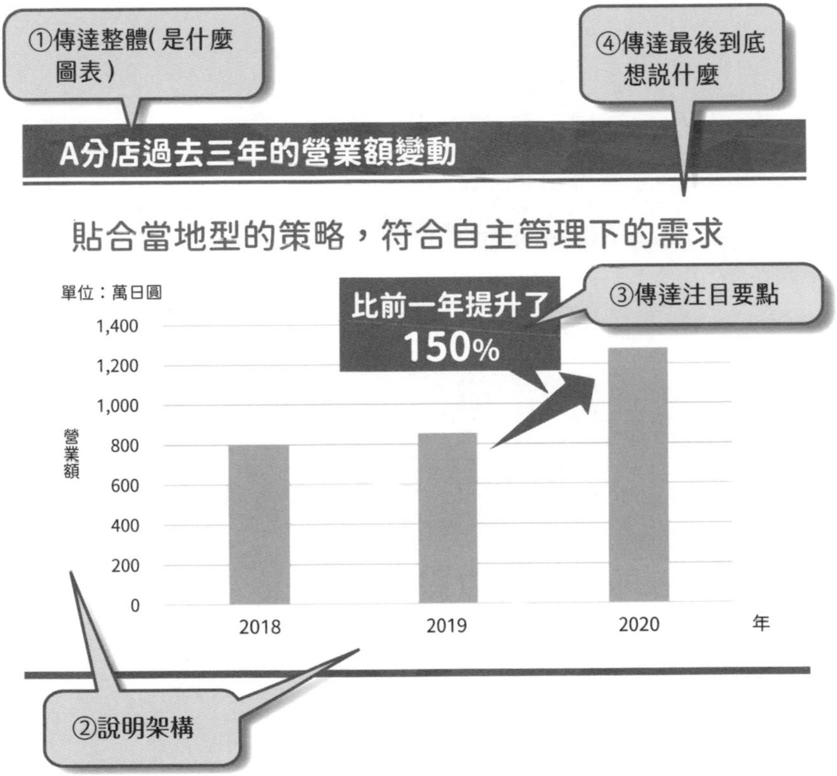

出理由，就能吸引聽眾的注意。

・在線上的情況下，文字的大小

在線上的情況下，考量到有人是用手機看資料，所以建議資料的文字大小採24pt以上。

・寫在投影片上，用口頭說明

寫在投影片上，用口頭說明，這樣的區分也很重要。在投影片上寫下數值之類的資訊。另一方面，像客戶的感想或是引發同感的故事這一類帶有情感的內容，不是寫成文章，而是事先作成照片之類的影像，內容則是以口頭傳達。這樣比較容易傳達情感。

不論是面對面或線上，請務必都要以容易理解的資料傳達方式來提高說話的效果。

POINT!

利用人的視覺特徵，分別以文字和照片以及口頭來傳達

第4章

厲害的人「善於提問」的說話方式

讓對話變得熱絡的附和和點頭

引出真心話的巧妙提問

厲害的停頓法

……

1 會議和面談。引出對方真心話的傾聽祕訣

在本章會特別提到「提問」和「附和」這兩個讓溝通變得更順利的「傾聽法」具體做法。

在你的職場中，是否有成員儘管在工作上遭遇困難也不來問，始終不會積極的與人溝通，完全不知道在想些什麼呢？

如果在公司內的會議或面談中，感覺很難了解成員的真心話，問題或許就出在你的傾聽方式上。

不擅長「引出真心話」的人所用之傾聽方式

無表情、無視、無反應，三「無」

試著站在相反的立場來思考吧。在報告或討論時，以像在瞪人般的表情，一動也不

動，不發一語的聆聽，像這樣的上司感覺很不舒服，很難聊得起來。此外，沒停下工作的動作，視線一直望著電腦畫面，就算向他問話，也對你說的話心不在焉，給人這種印象。

其實就是這樣的態度，給人「對我好冷淡」「和這個人很難聊」的印象。如果是採這種「聆聽方式」的上司單方面的不斷下達指示，雖說是工作，還是會感到厭煩。始終提不起勁說出真心話。

那麼，會讓人忍不住想說出真心話的，又是怎樣的人呢？擅長聆聽的人，會用表情、視線、反應這三者，**設身處地的站在對方的立場聽他說（＝傾聽），持續傳送出這樣的信號**。

擅長面對面「引出真心話」的人所用之傾聽方式

以表情、視線、反應這三者來傳送信號

傾聽是對對方的一種認同。不管任何人，都會對專注聽自己講話的人抱持好感。想要傳達出「我對你說的話很感興趣」，就得傳送出**非語言的表情、視線、點頭**這三個信號，這是其重點。

這麼一來，就算沒使用提問技術，對方應該也會自己開口說「其實是這樣的……」「這件事我只跟你說哦……」，很自然的說出真心話。在點頭時，要適度的附和，舉例來說，如果是對部下，也要一併加上「這樣啊」「嗯」「我明白」這樣的附和。

附帶一提，對於上位者，如果以「嗯、嗯」來附和，會很失禮。有時會讓對方感到不耐煩，要特別注意。

那麼，我們就來看看這三個重點吧。

第一個是「視線」。就算自認沒有無視於對方的存在，但如果是一邊工作，一邊看著電腦畫面的這種「邊做邊聽」的態度，也會讓人覺得自己受到輕視。

傾聽的重點，是要暫時停下手中的工作，**將自己的肚臍面向對方**。只有臉面向還不夠。因為當你將肚臍面向對方時，身體和視線都會跟著面向對方。

這時，要是目光過於犀利，會讓對方抱持戒心，所以**請輕鬆的望向對方的鼻子一帶**。如此一來，就會給人眼神溫柔的印象。尤其是長時間面對面時，這樣能放鬆彼此的緊張感，所以在此大力推薦。

第二個是「笑容」。善於傾聽的人，臉上始終掛著笑容。笑容號稱是打開對方心門的鑰匙。在傾聽時，如果提醒自己嘴角上揚，就能營造出容易放心說話的氣氛。

第三個是點頭的方式。當對方點頭時，會覺得「他明白我說的話」「他很認真聽」，光是這樣就覺得很開心。不過，要是點頭如搗蒜，又會給人瞧不起人的印象，所以每次重重的點一下頭比較有效果。

平日將這種聆聽方式養成習慣，成員們應該也會不自主的說出心裡話。

*

那麼，線上又是怎樣的情形呢？

如果要隔著畫面傳達「我很認真聆聽哦」，重點在於**巧妙使用「點頭與附和」的組合**。

擅長在線上「引出真心話」的人所用之傾聽方式

當麥克風調成靜音時，以點頭＋感嘆詞來附和

當麥克風開啟時，則是將點頭與附和的時機錯開

在線上的溝通，有時不容易看出表情。

與線上溝通有關的書籍或網路報導，都會提到「（在線上）要刻意做出誇張的反應」，但坦白說，持續做出誇張的反應會覺得累，而且話說回來，這也得視情況而定。因此，我推薦的方法，是以「點頭」來表示反應。點頭的行為，從畫面也容易看得出來。

就算麥克風處在靜音狀態，也能一邊「點頭」，一邊以視覺來傳送聆聽的信號。在線上講話的一方，如果看不出對方的反應，會感到不安。因此，自己當聆聽者時，要好好的點頭，讓對方感到放心。

此外，如果想傳送信號讓對方知道「我在聽哦」，這時我建議不時的**發出「原來如此！」「這樣啊！」「真厲害！」這類的感嘆詞來附和**。此時由於麥克風調為靜音，聽不到聲音，但表情會變化，所以會給人認同談話內容的印象。如果是這種程度的附和，就不會覺得累。

接下來談的是開啟麥克風參加會議的情況。會阻礙線上順利溝通的，是「聲音重疊」的尷尬。因此，將點頭與附和的時機錯開是其要訣。這樣就不再會有聲音重疊的尷尬情形，能成功傳送「傾聽」的信號。

以時機來看，當對方說話時，要默默點頭，然後趁句子間的空檔附和。

舉例如下

對方「這似乎會花不少時間（點頭），但我會試著去做，絕不放棄（點頭），所以請助我一臂之力。」

當事人「當然，我很樂意！」（附和）

像這樣聆聽，對方也會比較容易開口說。

其實這套「點頭與附和的時間差活用法」，是電視中也常用的技巧。

電視上為了避免演出者彼此說話重疊，每個人依序發言是基本原則。因此，有人開始說話後，大家就連開口附和都會變得保守。

話雖如此，如果播報員沒有反應，來賓也很難繼續說下去，所以表情、視線、點頭會組合在一起，持續傳送傾聽的信號。等對方說完後，再開口附和道「原來如此！」「真是耐人尋味啊！」。

在線上會議或談生意時也一樣，掌握這個時機非常有效。請務必要善於聆聽，以引出對方的心裡話。

POINT!

如果是面對面，
就以「表情」「視線」「反應」
這三個組合來持續傳送傾聽的信號，
如果是線上，在麥克風設靜音時，
要使用感嘆詞來附和，
而當麥克風打開時，則在句子結束時附和

2

自由開放的意見交錯，在會議中高明的提問法

我在某企業向年輕社員進行簡報研習時，聽到很多人說，比起跟合作廠商召開的外部會議，在公司內部會議上提案反而還更緊張。每次都很害怕人們會對自己的提案提出尖銳的提問。

你也有過在會議中遭受集中砲火攻擊的痛苦經驗嗎？

舉例來說，假設你提出某個提案時，得到這樣的質問。

無法引出「自由意見」的人所用之說話方式

「問個問題好嗎？你這個預估的依據何在？」

就算對方絕無惡意，但這樣感覺就像被責怪。如果用這種「責問語調」，則發言者和周遭人都會就此萎縮，難以提出自由開放的意見。就算沒就此萎縮，也會不懂這個提問

的本意，究竟是對哪裡有疑問，是贊成還是反對，所以一時會不知該如何回答才好。

那麼，在這種情況下，善於提問的人又是怎麼做呢？

想要提出容易回答的問題，得先清楚傳達出意圖。

能在面對面下引出「自由意見」的人所用之說話方式

「關於剛才後藤先生的發言，我可以問個問題嗎？這是個令人很感興趣的計畫。為了展開具體的檢討，可以請您告訴我估價的根據嗎？」

就像這樣，讓人知道自己為何提問的原因，在心情上就會比較好回答。

不光如此，這樣也比較好縮小目標，能歸納必要的資訊回答，應該能促成一場有效率的會議。

在會議或談生意時，想要推動討論，最後做出結論，那就絕不能沒有提問。我們提問的時候，除了希望得到更多資訊時，應該還有會議陷入沉悶氣氛時、眼看討論內容往不是自己所期望的方向發展時，或是自己另有好點子的時候對吧？

在交涉場面下，有時不會公開提問的意圖，以此視為一種策略，但一般來說，只要是建立在信賴關係上的對話，一場流暢的溝通絕少不了**「心理上的安全性」**。

愈是居於上位者，在提問的時候，愈希望能展現出不讓現場氣氛變得沉悶的謙虛態度。

*

那麼，線上的情況又是如何呢？

在線上為了避免比面對面更容易發生搞錯意思的情況，希望能特別留意，別忘了清楚傳達提問的意圖。

此外，線上不容易找到發言的時間點，這是其缺點。因此，要推一位主持人，讓會議中的「提問」能順利進行。

關於能讓線上會議順利進行的「提問」方式，在此介紹兩個重點。

分別是**「決定提問的規則」**與**「代表提問」**。

如果是線上，就算主持人向所有人說「有人要發問嗎？」，看現場情況行事的氣氛也早已蔓延開來，形成一段尷尬的時間。因此，事先設下提問的時間，依序拋向想提問的人。

能在線上引出「自由意見」的人所用之說話方式

・決定提問規則

「今天為每家分公司準備了提問時間，所以在提案發表時，請減少提問。如果能將提問事項寫在聊天室裡，等到了提問時間，我會優先指名您提問。」

就像這樣，在線上會議中只要事先在一開頭就決定好提問的規則，就可順利進行。

另一個是「主持人的代表提問」。

當主持人覺得發言內容的資訊不足時，在接受參加者的提問前，要先提問來彌補不足之處，幫助整體的討論能順利進行。

・主持人的提問範例

「○○先生，我想讓大家一起共享多一點的資訊，所以請容我問幾個問題。我想問的問題有三個……」

就像這樣，代表參加者想問的問題來提問。如果不知道該問什麼問題好時，請試著以5W1H來提問，補充不足的資訊。例如：

「您為什麼會想要開始這麼做？」（**Why**）
「開始時需要的準備物品是什麼？」（**What**）
「具體假想了多少人數？」（**How**）

不過，如果持續提問「Why」，會給人逼問的感覺，這點希望各位要多注意。線上會議視主持人的主持情況而定，會議的品質確實會隨之改變。提問要傳達理由，在線上以決定規則和代表提問來幫助會議進行，以這些提問的方式來促成參加者積極的發言，提高會議的成果吧。

POINT!

如果是面對面，
要謙虛的傳達提問的意圖，
如果是線上，
主持人要事先設好提問的規則

3 客戶「潛藏的心裡話」，在談生意時加以引出的自我披露技巧

假設你以客戶的身分接受業務主任的招待。對方的公司名稱第一次聽聞。主任待人親切，看起來為人正派，但心裡還是會抱持戒心，不知道該對眼前的人和他們公司投注多大的信任……你是否有這樣的經驗呢？

會讓人這麼想的原因，也許就出在那位業務主任的提問上。

讓人抱持「戒心」的人所用之說話方式

「可以再多告訴我一點嗎？」

「你面對的問題是什麼？」

就算向初次見面的對象提出「請多告訴我一點」，要是對方心裡始終有一道牆，他只會覺得「告訴這個人好嗎」。當然了，絕不會講出真心話。

最近，客戶的需求和價值觀都變得很多樣化，所以問出對方的問題，提出最適合的解決方案，像這種解決型營業愈來愈多。換句話說，引出客戶所面臨的問題，是業務對談的起點。不過，不擅長處理的人，這時候就會栽跟斗。

那麼，善於引出客戶的問題或真心話的人，又都是怎麼做呢？厲害的人用來縮短彼此心理距離的提問方式，就是**「自我披露提問」**。

在面對面下，不讓人抱持「戒心」的人所用之說話方式

「我（本公司）是○○，△△先生（貴公司）近來可好？」

「說來慚愧，本公司當初對全公司引進這項工具時，各個部門都發生不太會使用的問題。
貴公司情況怎樣呢？」

「本公司幾年前因為離職率高，當時真的為此相當頭疼」「我對ＩＴ也不是非常了解，所以沒辦法說大話……」要若無其事的先表示出自己的弱點，同時詢問**「你們（貴公**

司）情況怎麼樣？」。如此一來，對方也會回你一句「這個嘛……」，而逐漸敞開心房，說出他的煩惱。

溝通有「報答性法則」。希望對方說出煩惱時，要先披露自己的弱點，這樣對方也比較容易跟著披露。

＊

在線上的情況，尤其以平淡的口吻說話的人，容易給人機械式的印象，所以不妨**增加「自我披露＋提問」的次數**，刻意傳達情感的部分吧。

儘管如此，有時對方仍舊回答得模糊不明，不過，只要以自我披露來表現自己沒用的一面，給人親近感，接下來再加把勁就能搞定。為了讓人產生「我想向這個人諮詢」的念頭，博取信任，接下來應該傳達的是「實績」。

「實績」也有它巧妙的傳達方式。**它可分成以數字來表示的邏輯部分，以及訴諸情感的人性部分，是以這兩者來傳達的一種手法**。兩者同時兼具，客戶就會為之動心。

數字是用來傳達事實，例如過去我支援過〇萬個案子、我是業界營業額第一的王牌等等。而情感的部分，則要加入自我披露的提問。

舉例來說

在線上不會讓人抱持「戒心」的人所用之說話方式

「這件事沒什麼人知道，這其實是在業界銷售位居第三名的服務，而本營業所也有引進一千多件的實績。

以前我第一次負責的客戶，曾向我訓斥說『你什麼都不懂！』，從那之後，不管再遠，我一定都會親自跑現場一趟，這已成為我的工作原則。

〇〇先生，您職場上是怎樣的情況，可以分享給我聽嗎？」

就像這樣，若無其事的在實績中加進自我揭露，然後提出問題。

提問有各種技巧，會隨著個人擅長與否而有差異。不過，若是太過專注在一些要小聰明的技巧上，反而會讓人覺得你很可疑，而抱持戒心。

另一方面，有許多人雖然沒有流利的口才，而且個性木訥，卻是業績傲人的王牌業務員。磨練提問技巧固然也很重要，但也別忘了要展現人情味來對應。

POINT!

如果是面對面，
就使用自我披露來提問，
如果是線上，
就在實績中加進自我披露

4

與工作對象的對話 一口氣變得熱絡的「要點附和」

附和號稱是談話的潤滑油。

如果能巧妙的附和，就算是和初次見面的人也能聊得熱絡。但可不是盲目的一味附和就行哦。

你是否都只是隨口應一聲「哦」「對」「咦」「嗯～」，或是用「好厲害」「果然不簡單」這種固定模式的附和呢？

不善於「炒熱談話氣氛」的人所用之說話方式

廠商「最近我都很認真打高爾夫球。」

當事人「我沒打高爾夫，所以不是很清楚……您真厲害。」

如果是「哦」「對」這樣的隨口應答，就像在告訴對方「我對你說的話沒興趣」。

這會讓對方感到不舒服，而心想「你到底有沒有在聽啊？」。

對於身分地位比自己高的對象或是客戶，不會用「嗯～」這樣的附和方式，可是，像「真厲害」「果然不簡單」這種句子，因為是方便好用的附和用語，所以往往會什麼也沒想就脫口而出。不過，敷衍的附和，只會造就出敷衍的人際關係。

一些在談論溝通的書籍或講座中都會提到，以「果然不簡單」「我都不知道呢」「真厲害」「品味真好」「說得一點都沒錯」這幾個常用句來附和，談話就會變得熱絡。

的確，如果是沒有隔閡的好友，或是知心的工作夥伴，這樣確實能談得熱絡。但如果對方是初次見面，仍抱持戒心的人，或是上位者，光靠這幾招只會顯得很刻意，無法炒熱談話氣氛。

那麼，為了能和各種對象都保有良好關係，該怎麼做才好呢？

這得**針對對方說的話，在要點處附和**。

擅長面對面「炒熱談話氣氛」的人所用之說話方式

合作廠商「最近我都很認真打高爾夫球……」
當事人「很認真是吧。真不簡單」
或是
當事人「高爾夫是嗎。這是很好的嗜好」

就像這樣，**具體的傳達出自己對對方談話中的哪個部分有反應，然後再附和**。鎖定的重點是傳達「你說的話我都很仔細聆聽，可沒左耳進右耳出哦」。能讓對方知道「他很認真聽我說」。

那麼，像以下這種時候該怎麼做呢？

客戶「我們的工作人員離職，忙得不可開交……現在我們都推掉新的訂單。」
×當事人「想必很辛苦吧。」

像這個例子，對方想說的究竟是什麼呢？是想提工作人員離職的窘狀，向人訴苦嗎？

感覺似乎不光只是這樣。也許他是想低調的傳達公司生意興隆的情況，到非得推掉工作不可的地步。

像採取以下的回答，也算是一種作法。

○「明明有工作上門，卻得推掉，真教人遺憾。這感覺我懂。」

○「真是辛苦你了，不過，工作忙碌固然高興，但反而也是一種煩惱對吧？」

附和是用一句話就能貼近對方感受的神奇用語。要百分之百看出對方的感受實在很困難，但如果能想像對方為什麼要說那種話，話語的背面暗藏了怎樣的心情，就能做出適切的附和。

如果是面對面，就加上驚訝的表情，使用這一類語言以外的輔助，能做出表現更豐富的附和。

＊

另一方面，線上對話是以說話為中心的溝通，不易透過表情來傳達語感。因此，想擴充彼此談話內容時，我推薦**「用提問來增加話題的方法」**。針對對方想說的內容，依序提出五個問題。

擅長線上「炒熱談話氣氛」的人所用之說話方式

1．動機＝為什麼展開……詢問展開的契機或動機
2．成果的過程……詢問哪個部分有趣，以及成果的過程
3．投入的情況……詢問有多認真投入
4．感到慶幸的事……詢問成果或效果
5．可有從中學到什麼……詢問收穫和學到的事

接下來介紹這五個提問的活用範例吧。

客戶「最近我都很認真打高爾夫球……」

1. **「這樣啊。為什麼您會開始認真打呢？」**

客戶「哎呀，是因為合作廠商的社長邀我嘛。」

2. **「看您很投入呢。哪個部分讓您覺得有趣呢？」**

客戶「跟著專家學習，得分也進步不少，這點很有趣。」

3. **「順便問一下，您練習到什麼程度？」**

客戶「一個禮拜一次，跟著專業教練學習。」

4. **「是否對認真練習感到慶幸呢？」**

客戶「之前是為了陪客戶，不得不去陪人打高爾夫，但後來玩出樂趣後，人脈也跟著變廣了，說來還真不可思議。」

5. **「看來，也有人是這樣才開始認真學高爾夫呢。」**

客人「不管從幾歲開始學習都不算晚。而且培養出新的嗜好，人生的樂趣也隨之增加。」

就像這樣，只要當自己是在採訪，依序提出這五個問題，再來對方就會自己開口說了。

當我還是菜鳥播報員時，有幾次在採訪時引不出精采的談話內容，直接在節目中被喊卡。這對我造成不小的打擊，而且也對採訪的對象很抱歉。

我從中學到，與其只是說「真厲害」，很表面的附和，不如很坦然的說一句**「這方面我不太懂，請您說明一下」**，請對方賜教，採取這樣的立場提出五個問題。我發現這樣反而能談得熱絡，造就出一場內容豐富的採訪。

這樣的提問，對客戶就不用說了，對於弭平職場裡的世代隔閡，促成順利的溝通，也很有效果。

比起強行將自己的價值觀加諸在部下身上的上司，對部下的的事感興趣，肯聽他們說話的上司，會讓部下覺得容易溝通。

有愈來愈多的年輕人不想談及自己的私事，不過，只要以這些人想談的內容或是嗜好當談話的主題，他們就會開始變得話多起來。

如果你覺得因為遠距工作而使得雙方的關係變得淡薄，不妨試著將這個話題加進一對一的對話或閒聊中，如何？

POINT!

如果是面對面，
就選在要點處附和，
如果是線上，
為了擴充內容，要提出五個問題

5 對客戶拋來的負面話題巧妙回應的方式

與客戶敞開心胸來談之後，有時會談到與工作沒有直接關係的話題。這表示對方對你敞開心房，值得高興。

不過，如果是像「新的訂單增加了」「員工有所成長」這類的正向話題，就比較容易附和一句「真是太好了！」，但如果是像「我兒子的第一志願沒考上」這種私人的負面話題，會不知該如何回應才好。該怎麼做好呢？

不善於回應的人所用之說話方式

對方「我兒子的第一志願沒考上……」

當事人「真是糟透了。」

在處理負面的話題時，要特別注意。在還沒搞清楚對方提這個話題的用意為何，就自己認定「糟透了」，這是一大禁忌。因為人們可以自己發牢騷說「真是糟透了……」，但要是別人這樣說，就會很想要反駁一句「輪不到你來說我」。

雖然嘴巴逞強，但有可能內心希望別人能出言安慰，想的是完全相反的事。這正是言不由衷。有時候要是完全照對方說的話去看待，反而會碰壁。

那麼，像這種時候，要怎麼做才能巧妙的對應呢？

這時候得先**暫時說一句「體貼的話」，來觀察情況**。

善於面對面回應的人所用之說話方式

「這樣啊。不知道令郎心裡做何感想……」

當對方拋來負面的話題，讓人不知如何是好時，記住不要慌亂，別滿腦子想著「我得說個感想才行」「我得給個建議才行」。好壞別直接憑自己的標準來判斷，要暫時先傳達出體貼對方感受的話語，然後觀察對方的表情、態度、聲調。

如果對方以開朗的音調回一句「哎呀，真的很傷腦筋呢」，模樣輕鬆，那就能想成對方當這是可以一笑置之的小插曲，只要用一句**「真是辛苦了～」**來加以慰勞就行了。

接下來不妨再補上一句勉勵的話。

「不過，既然他是〇〇先生您的兒子，那一定能以這次的事當經驗，日後更加茁壯成長。」

另一方面，如果對方以陰沉的語調說「他很沮喪……」，一臉灰心的模樣，這時如果深有同感的說一句**「父母在一旁看在眼裡，也很難過對吧」**，應該不會造成反效果。

＊

那麼，線上又是怎樣的情況呢？

如果是線上，能看出對方心情的提示很少，在這種情況下又必須做出反應，難度頗高。

因此，在難以判斷時，不是去猜想對方的心情，而是**將自己與對方的立場互換，採取「如果是我的話，就會〇〇」這樣的反應。**

善於在線上回應的人所用之說話方式

「想必很遺憾對吧。如果是我的話，也許會沮喪好一陣子，整天都關在房間裡。」

「如果我是父母，會不知道該怎麼鼓勵孩子才好。」

就像這樣，替換成發生在自己身上的事，以此傳達。插進一個緩衝墊，暫時先確認對方的情況後再繼續談話，這樣就行了。

人心五花八門，各有不同。不管再怎麼努力，也不可能100%明白對方的心情。但最重要的，是試著去想像對方的心情。尤其是像線上、電子郵件、電話、社群網站這類不會直接面對面的對象，不易傳達微細的語感，所以讓「想像力」變得豐富，是創造出良好溝通的基本原則。

作家瀨戶內寂聽曾在某個專欄裡提到：「想像力是一顆體貼的心。體貼對方的心情，溫暖的人際關係就此而生」。

隨著線上化愈來愈盛行，感覺像這種人性的部分會比過去更加要求。希望大家能夠時時牢記在心。

POINT!

如果是面對面，就以體貼的話語來看對方反應，如果是線上，則以一句「如果是我的話，我會○○」，將對方與自己的立場互換，展開想像

第5章

厲害的人「掌控現場」的說話方式

講座、說明會的誘導談話
讓年輕人成長的指示下達法
不會緊張的演講
……

1

要提高成員的動機，必用的「促成動機的五句話」

本章要看的是巧妙營造現場氣氛的說話方式。

部下總是只會等候指示，不會自己行動，你是否有這樣的煩惱呢？只要是管理階層，任誰或多或少都會有這種關於「人」的煩惱。

舉個例子，假設你請部下準備會議資料。

引不出「部下幹勁」的人所用之說話方式

部下「我已事先準備好會議資料了」

主管「啊，就擱那兒吧」

請試著站在部下的立場想想看吧。

雖說這是工作，想必對方也是暫停自己手上的工作來準備資料。但你卻對資料連看也不看一眼，只回了一句「就擱那兒吧」，或許會讓對方心裡覺得「虧我準備得那麼辛苦，忙得一點意義也沒有」。

每個人都有一種「認同欲望」，希望別人認同自己的存在。想受到別人的認同，希望別人把自己當作一個有價值的人看待。面對這種難受的欲望，平時能滿足它的話語，正是讓人會想主動工作的意願來源。

昔日的日本型企業重視組織勝過個人，只要是為了組織，就算犧牲個人也在所不惜，這種想法是當時的主流。但時代改變了，想要創造出新的價值，就得是能發揮多樣的特性，擁有創新構想的企業，才能存活下來，如今已是擁有實力的個人能有活躍表現的時代。而懂得活用這種個人的主管，又都會怎麼做呢？

最重要的是，得時時傳達「謝謝」這句感謝詞。

能在面對面下引出「部下幹勁」的人所用之說話方式

部下「我已經先準備好會議資料了」

主管「謝謝你。幫了我一個大忙。」

「謝謝」這句感謝詞，是滿足認同欲望和貢獻欲望的話語。能提高對組織的貢獻欲望，並賜予強烈的動機，使對方想在職場工作。

最近出現一種App服務，藉由在公司內互贈「感謝詞」，然後化為點數，提高參與度。

在遠距工作日益普及，員工都不到公司上班的情況下，這作為提高對公司參與度的一種因應措施，備受矚目。

說來有點遺憾，因新冠疫情而使得遠距工作的普及腳步突然加快的情況下，在工作成員的管理方式上產生了「遠距騷擾」一詞。

因為遠距工作而看不到部下的工作情況，而對此感到不安的管理幹部，要求部下整天都得將遠距會議用的網路攝影機打開，或是每隔一小時就打電話來確認進度，引發部下無法靜下心來工作的問題。

如果平時就培育能自主行動的成員，將工作交由他們去負責，應該就不會發生遠距騷擾這種情形。

＊

那麼，線上的情況又是如何呢？

當然了，只傳達一句「謝謝」也可以，不過，因為是相隔兩地，會不會想試著傳達更強烈的感謝之意呢？

這時候，我建議採**用以「謝謝＋α」來加上感想的傳達方式**。

能在線上引出「部下幹勁」的人所用之說話方式

（電子郵件的往來）

部下「我已事先準備好會議資料了」

主管「我確認過了。清楚明瞭！謝謝你百忙之中抽空處理」

因遠距工作而容易變淡的關係，務必要事先用這樣的話語巧妙的聯繫。

或許有人會說，話是這樣沒錯，但我想不到該說什麼才好。然而，感受得化為言語才能傳達。

在此，我希望各位提醒自己善用的，是讓部下產生動機的「五句話」。

☆主管該說的「五句話」

1：「謝謝」……「謝謝你總是幫我準備這麼清楚明瞭的資料」

2：「不錯哦」……「將點子都化為具體了，不錯哦」

3：「我很高興」……「能有好的結果，我很高興」

4：「不用客氣」……「不用客氣，儘管問」

5：「我會支持你的」……「別怕失敗。我會支持你的」

在電子郵件或線上會議等場合中，一有機會就傳達這五句話，培育部下的幹勁，讓他們盡情發揮各自的能力。

POINT!

如果是面對面，就以話語來傳達「謝謝」，如果是線上，就以產生動機的「五句話」來傳達「謝謝＋感想」

2 年輕人會成長的會議，有完善的「談話設計」

員工怯縮的會議，總是氣氛沉重。而另一方面，只有凌人的氣勢，卻內容空泛的會議，也值得省思。

舉個例子，在每月的定期會議中，假設有位公司內的年輕業務員發言的場面。

在會議中，「年輕人」不會成長的說話方式

「抱歉，業績沒達標。下個月我會努力扳回一城。我會重新拿出幹勁，好好加油！」

愈是成長不如預期的員工，愈會回顧過去，撥時間來反省說明，然後以分析過去和「我會好好加油」的鬥志論做結束。業績之所以沒有成長，不是因為鬥志不夠，而是因為沒落實在用來達成目標的具體計畫和行動中。

就像這樣，員工的發言之所以往往容易陷入過去分析和鬥志論的套路中，也許不是因為個人的問題，而是出在造就出這種習慣的會議進行方式。

那麼，會促成員工成長的公司，都是怎樣進行會議呢？

在這種公司裡，看重的不是過去，而是**今後該怎麼做，將時間用在對未來的討論上。**

在面對面的會議中，「年輕人」會有所成長的說話方式

「抱歉，業績沒達標。因為太過追求新訂單，對每位客戶的售後服務做得不夠確實。我會縮小顧客名單的範圍，下個月的談生意件數，以一週內獲得五件案子為目標」

就像這樣，不是以一句「我會加油！」來結尾，而是具體的指出會展開何種行動，這才是重點。如果能擬訂具體的計畫，就能馬上展開行動，也比較容易展現成果。

當然，分析進行不順利的原因並加以改善，這點也很重要，不過這在會議以外的時間也能做。在會議中，只要傳達分析結果就已足夠，眾人齊聚一堂的會議，希望能一起擬

訂今後的戰略，當作提出未來志向的場合，有意義的加以活用。

*

另一方面，線上會議很看重速度感，所以建議事前要一起共享資訊。過去分析和行動計畫，要事前先以電子郵件或聊天室共享，然後**在會議中把時間投注在計畫的執行支援上**。

如果是在辦公室，可以說一句「我提件事可以嗎？」，輕鬆的獲得別人的建議，不過在遠距工作下，像這樣的機會也變少了。對成長不如預期的員工來說，能得到前輩給的具體建議，是再高興不過的事了。

例如有位後輩面臨一個「客戶電子郵件的回信率很低」的問題。

在線上會議中，「年輕人」有所成長的說話方式

「如果將電子郵件的主旨改為○○，點閱率就會上升哦」

就像這樣，要將成功案例當作分享的場所，善加使用。

另外，要有效率的推動線上會議、集會，**時間分配**也很重要。

舉例來說，如果是十人的團隊，則每個人有五分鐘的時間，各以一分鐘的時間說出①「成功達成的原因，沒能成功的原因」、②「具體的的行動計畫」、③「希望別人提供諮詢、提問、支援的事」，剩餘的時間則是請前輩提供建議。如果是成員十人左右的團隊，則五十分鐘左右就能結束一場會議。

在遠距工作下，像ＯＪＴ（On the Job Training，在職訓練）這種在現場學習的機會並不多，人材培育也是處於在錯誤中摸索的狀況。請務必要將會議當作是培育年輕人的場合，善加活用，提升整體團隊的水平。

POINT!

如果是面對面，
要將時間用在思考未來上，
如果是線上，
則要將時間用在計畫的執行支援上

3 在講座、會議上，讓對方容易開口的提問方式

要是在公司內部會議、與客戶的討論會、講座等場合中擔任主持人，為了安排充實的內容，會製作時間表，做好事前準備來迎接那一刻的到來。

但到了當天，為了盡可能讓所有人都能積極的參與發言，因而向還沒發言的人提問，但對方卻答不出話來，反而無法炒熱氣氛，你是否有這樣的經驗呢？

對方難以答覆的「提問」方式

・突然拋來提問

你「那麼，針對這個問題，柴田先生，你怎麼看？」

柴田先生「咦，不好意思，呃，您剛才問什麼來著……」

就只是單方面聆聽的參加者，往往都會鬆懈。在鬆懈的時候，突然被指名，拋出提

問，一時間也無法回答。就算提問者沒有惡意，但或許有人會覺得這樣是讓自己在眾人面前丟臉。

那麼，如果想以提問為契機，巧妙的引出話題，成功控制住場面，該怎麼做才好呢？善於控制場面的人，會依循**「先指名，之後再詳細告知提問內容」**的步驟。這麼做的目的，是為了不讓對方在眾人面前丟臉，而先給予時間構思如何回答。

在面對面下，對方容易回答的「提問」方式

「柴田先生……（停頓）……剛才我們討論的，是要使用哪個媒體，可以請你以宣傳負責人的身分發表意見嗎？」

就像這樣，在提問時先指名，傳達出「我會拋問題給你哦」的意思，接著停頓一會兒，等候對方轉為聆聽的態度。然後詳細說出提問內容，便能幫對方製造出歸納思緒的時間。如此一來，就能引出必要的發言，不會讓對方因為面對突如其來的提問答不出來，而感到羞愧。

利用提問來安排場面時，希望各位能看重的是安排出一個安心、安全的場面。如

果想提供一個可以自由開放的交換意見的場所，對於拋出提問的方式，同樣也「必須顧及」。

＊

那麼，線上的情況又是如何呢？線上有另一個重點。那就是**在指名前，要先取得提問的許可**。

在線上，對方容易回答的「提問」方式

你「那麼，接下來我會針對這個主題來詢問各位的意見。首先可以請教柴田先生嗎？」

柴田先生「可以，請說。」

如果是面對面，只要與主持人或講師目光交會，就有可能心意相通，而覺得「他可能會把話題拋給我」，但如果換作是線上，就沒辦法辦到。因此，要先取得對方許可，看能否提問，接著再提出問題。

就算是電視上實況轉播的資訊節目，也會用這種拋出提問的方式。主持人就算突然向評論員問一句「〇〇先生，您怎麼看？」」，對方也無法馬上回答，所以在拋出話題時，會先說一句「**〇〇先生，這問題可真嚴重呢**」，先拋出話題，然後詢問「**就這份資料來看，看來暫時是難以恢復了，不過，有可能業界重整嗎？**」，讓對方趁中間的空檔構思答案。

配合遠距工作的引進，人材教育、會議、營業等線上的系統都隨之進化，但不光硬體面，像在這種提問方式上，也希望大家能多花點心思，同時讓職場上的線上溝通也能跟著進化。

POINT!

如果是面對面，
就要先指名後再告知提問內容，
如果是線上，
則要先取得提問的許可

4 讓講座或研習的小組工作內容更充實的「巧思」

最近小組討論、研討會、參加型講座、研習，頗受歡迎。不過，也有不少聲浪指出，雖然進行了小組討論，卻沒有充實的對話，也沒炒熱氣氛，根本沒學到東西。該怎麼做才好呢？

無法順利推展的「指示」下達方式

「那麼，接下來針對遠距工作的推動，請分組討論。時間是五分鐘。請開始」

工作氣氛不夠熱烈，並不是因為參加者缺乏幹勁。原因不是出在參加者的幹勁上，而是在於講師的引導技術。

如果一個團隊裡有個厲害的主導人，應該就能順利的推動，但如果沒有一位能發揮領導能力的人，或是彼此都是第一次見面時，就會多所顧忌，難以展開對話。有時或許情況相反，都是其中一方在發言。

那麼，要讓小組討論更加充實，得怎麼做才好呢？

重要的是**「決定規則」**。

在面對面下能順利推展的「指示」下達方式

「那麼，接下來針對遠距工作的推動，請由各個組織分開討論。討論時間五分鐘。

首先各組先決定好角色，例如主持人、計時員、記錄、所有發表者。

接下來照順序。順序從坐我右前方的人開始，請依順時鐘方向輪流。發言時間是一個人一分鐘。請務必每個人都要發言。

有問題要問嗎？沒問題是吧。那麼，請開始」

只要事先像這樣決定好小組工作的規則，參加者就可以不必額外費心，能專注在討論中。至少應該要共享的內容，是工作的目的、方法、規則。在時間方面，要決定好小組工作的整體時間，以及每個人的發言時間。分配的角色有主持人、計時員、記錄、全體發表者等。若能先決定好小組內的發表順序，進行起來就會順利許多。

現實世界中的講座，其優點在於講師能掌握每個小組的情況。當講師巡視會場，發現有某個小組意見特別少時，就可以中途詢問「提出什麼樣的意見呢？」，或是說一句「聽了剛才的發言後，有什麼看法嗎？」，催促他們發言，加以支援。

＊

問題在於線上。

線上像這樣的小組工作，大多是用Zoom或Teams這類的Breakout Room。由於功能一直在進化，所以這始終指的都是現在這個時間點的情況，不過目前還無法一次和所有小組對話。因此，無法像現實世界的講座這樣掌握整體的情況，這是它的不便之處。

因此，在線上使用Breakout Room來舉行小組工作時，**與面對面不同，需要訂下線上特有的規則**。

例如小組裡的發言順序，無法以座位順序或順時鐘這樣來下達指示。因此，要訂下「按出生月分的先後順序」「像學校的座號一樣，按姓氏順序」這樣的規則。

此外，如果彼此同樣都是初次見面，在進行簡單的自我介紹時，會希望別人怎麼稱呼他，或是請他說出自己的外號，這樣溝通起來就會變得活絡。

講師雖然無法直接接觸，但**如果能對參加的態度訂下詳細的規則，就會讓人比較放心**。例如

在線上可以順利推展的「指示」下達方式

「為了提高講座的效果，小組內請避免負面的發言。如果要提問，請寫在聊天室內，事務部門會回應」

為了讓大家都能愉快的參加，希望能多留意細節。

如果想要全體一起共享工作內容，我建議等回到全員會議後，請負責記錄的人以條列的方式，將主要的意見寫在聊天室裡，講師再從中挑選在意的意見，請對方發表，以這樣的步驟來推動。

比起面對面，線上更加考驗講師的引導能力。如果只有一位講師，在問題發生時，

會窮於應付，而讓其他聽講者空等，所以如果擔心，不妨與助手或是事務部的人合組成團隊，一同進行。

POINT!

如果是面對面，就決定好規則，看著所有人，對小組工作展開支援。
如果是線上，要特別針對參加的態度，先和眾人一起共享

5 講座、說明會。善於掌控場面的人所留意的事

人的價值觀形形色色。常識也都各有不同，所以像公開講座或是對外的說明會，在這種有許多不特定人數聚集的場面下，不見得可以一開始就獲得100％的同意和共鳴。

舉個例子，假設有個與職場溝通有關的公開講座。

不擅長「掌控場面」的人所用之說話方式

講師「從上司開始做起，每天向人問候」

參加者A先生（頭偏向一旁）

講師：無視於參加者發出的情感信號

就像這樣，當有人偏著頭感到納悶時，就是在發出信號，表示對講師說的話抱持不同意見。也許心裡還提出反駁「你說這只是好聽話，我們公司才不可能辦到呢」。

雖然尊重每個人的意見，但如果有人抱持不同意見，就這樣擱著不去理會，舉辦講座的目的便無法達成，也無法滿足參加者的期待，這對彼此都有害無益。

那麼，善於營造現場氣氛的人，又都是怎麼做的呢？他們會觀察參加者的表情和態度，不會對參加者的否定反應視而不見，會提出意見來回應。

在面對面下擅長「控制場面」的人所用之說話方式

講師「從上司開始做起，每天向人問候」

參加者A先生（頭偏向一旁）

講師「難道有人認為自己的公司不可能辦到嗎？」

就像這樣，如果有人有不同的意見，就**先停下來，試著去了解對你說的話不認同的人有怎樣的想法**。如果仍繼續講下去，聽講者的想法會離你愈來愈遠，所以不要嫌「麻煩」，要細心的去了解參加者的想法。這麼一來，參加者就會慢慢改變想法，想聽聽看講師的提案。

現實世界中面對面的講座或演講，像這樣由講師和參加者一起營造出的現場感，正是它的妙趣所在。如果是面對面，一看到有人一臉有話想說的模樣，就要向對方提問，請他發言，或是透過小組工作來抒發想法，要臨機應變的進一步了解。

＊

不過，如果是線上，難以明白每個人的狀況，所以或許會忽略聽講者發出的信號。

因此，在線上的情況下，建議要事先預測可能會有不同意見的部分，**「早一步」代為說出參加者的想法**。

在線上擅長「控制場面」的人所用之說話方式

講師「從上司開始做起，每天向人問候。我這樣說，有人或許會心想，我們公司不可能辦到，但各位在聽過它的效果之後，一定會很想嘗試」

就像這樣，早一步代為說出參加者的想法，參加者便會心想「他了解我的想法」，而用心聽你說。

除此之外，如果用以下的句子早一步先說，各位覺得如何呢？

「各位或許認為這是再清楚不過的事了。而事實上，我也曾經是這麼認為……」

「各位或許會認為自己是不同的行業、業界情況也不同，所以與此無關，不能就此套用，但我要說的是一種基本原則，所以人人都能活用。」

對於提出反對意見或不同意見的人，要客氣的回應。能一同參與講座是一種緣分，必須相互尊重，請務必要和參加者一起擁有一段有建設性的時光。

POINT!

如果是面對面，
要觀察聽講者，了解其想法，
如果是線上，
則要早一步代為說出對方的想法

6 部下或年輕員工突然變得有幹勁，怎樣才是有效的反饋？

在平時的工作或會議中，說出自己注意到的事項，提供改善方法的建議，以此作為反饋。然而，好不容易表達了建議，卻不見成員或聽講者有所改善，你是否也遇過這種事呢？也許這是因為你的說法沒能激起對方的幹勁。

不善於「給部下反饋」的人所用之說話方式

「關於剛才的簡報，不容易明白它的好處何在」

如果是像這樣，光只是被人指出缺點，幹勁會就此減弱。反饋可不是在挑毛病。為了促成對方成長，要給予建議，以提高其動機，使其能力提升。

那麼，該怎麼傳達，才能提高對方的幹勁呢？**得先說一句「為了變得更好」，以正向的話語讓對方採取聆聽的態度後，才開始傳達。**

善於面對面「給部下反饋」的人所用之說話方式

「剛才的簡報，不容易明白它的好處何在，所以為了讓它變得更好，只要再加上客戶的評價來具體的傳達，這樣就行了」

就像這樣，以「為了變得更好」「為了精益求精」這種正向的表現方式，讓對方採取聆聽的態度後，再給予具體的建議。

不管再好的建議，願不願意傾聽都得看對方的心情而定。如果對方覺得有可能會聽到刺耳的內容，就會因為不想受傷，而充耳不聞。相反的，如果能聽到有助益的建議，就會坦然的傾聽。而最重要的，就是要讓對方採取願意聆聽的態度。

＊

換作是線上，要更細心的處理情感的部分，這是其重點。因此，為了緩和情感上的反抗，**要先誇獎優點後再提出建議**。誇獎是認可對方，是一種認同的信號，所以會讓對方發現「他這是為我著想的建議」。

善於在線上「給部下反饋」的人所用之說話方式

「你在簡報中的說話方式愈來愈有架勢了。不錯哦。為了變得更好，有些地方要改進，例如不容易明白它的好處何在，如果能再加上客戶的評價，具體的來傳達，這樣就行了」

當然了，像這種「優點＋為了變得更好＋建議」的說法，在面對面的情況下也一樣有效。要時時觀察，發現變化，傳達給對方知道。這種若無其事的話語一再累積，是上司與部下、講師與聽講者之間建立關係所不可或缺的要素。

在講座或研習的場合中也能加以活用。

舉個例子，假設有一場簡報研習。

「在模擬簡報發表中，你清楚明瞭的說話方式，很容易聽懂。（誇獎）

為了變得更好，在此提醒你一件事。（有助益的關鍵字）

這難得的好處，有點抽象，不容易明白，可否加入客戶的評價，讓人們可以產生具

體的印象呢？（改善點和改善方法）」

提高反饋效果的重點有兩個。

一是像這個例子一樣，**將改善點和改善方法搭配在一起來傳達**。反饋並不是指導，比起讓對方思考，協助引導出答案，它更重視具體提出重現性高的改善方法，引導走向成功的體驗。

舉例來說，對於說話理不出重點的成員，可以對他說一句：

「用這張表格來製作說話腳本，就能歸納出要點了。下週我們一起拜訪客戶時，你就試著用它來說明吧？要是有狀況，我會幫你，不用擔心。」

第二個重點是，**反饋以一次一個為基本原則**。就算一次講了許多，對方也無法接受。「啊，我還有一件事想先跟你說」，像這種追加的方式，也會惹對方不悅。如果一次有多個反饋想要提供時，可以告訴對方

「我可以給三個建議嗎？」

只要事前先傳達一聲即可。

尤其是遠距工作時，無法像在辦公室一樣輕鬆的交談。請務必要以巧妙的反饋來激起對方的幹勁，促成人材的培育。

POINT!

如果是面對面，
就告訴對方「為了變得更好」，
如果是線上，
要先點出對方的優點

7

在講座或演講中演說。不讓自己因為緊張而講得又臭又長的「唯一方法」

我想，在講座或演講中，一站向眾人面前就會緊張的人相當多。各位的情況又是如何呢？

緊張的原因有好幾種，其中一種是太在意別人的目光或評價。

因緊張而不順利的人所用之說話方式

太過在意別人的目光或評價

事實上，我所主導的說話講座中，也有許多人因為緊張而無法好好說話，想改善這個問題。詢問原因後，得到的答覆是「很在意聽講者或負責人的評價」「擔心聽眾會不會覺得我講的話很無趣」。太過在意別人的目光，是緊張的原因。

那麼，要擺說這種「在意別人目光的心病」，能在眾人面前大方的說話，該怎麼做才好？

你得**決定好想在別人面前呈現怎樣的自己。**

在面對面下不會緊張，一切順利的人所用之說話方式

決定好想呈現出怎樣的自己，再開口說話

在講座中站在眾人面前時、因為升官、換工作，而被全新的一批人圍繞時、就職面試等等，在這種比平時感受到更大壓力的場面下，會在意許多人對自己的評價。

像這種時候，要先決定好你想呈現出怎樣的自己，也就是想當一個怎樣的人，為此，只要將這樣的行動養成習慣，自然就會有自信，養成不會緊張的體質。

它的具體方法是以手機錄下自己說話的影片，重新省視，並錄音反覆聽自己的說話方式，讓自己接近理想狀態。以此每天練習，認真的養成習慣。

事實上，來參加我簡報講座，以成為管理幹部、專業人士、顧問、講師為目標的人們，後來在眾人面前說話時非但不太會緊張，反而還很享受能站在眾人面前說話，在講座或簡報中也都能展現成果，為此感到欣喜。

在線上講座或簡報中，有愈來愈多人來找我諮詢，說對方面無表情，或是反應冷淡，很擔心自己是否真的成功傳達了想法。尤其是線上，電腦畫面就只是大大的映出對方的臉，顯得比面對面更沒反應，令人在意。這種時候，別因為對方的表情而時喜時憂，要保持自己想呈現的樣貌，這點很重要。

在線上不會緊張，一切順利的人所用之說話方式

別因為對方的表情而時喜時憂，要保持自己想呈現的樣貌來說話

話說回來，日本人大多面無表情。就算是美國電影，裡頭演日本人的角色也大多面無表情。因此，就算對方面無表情，反應冷淡，也大可不必為此時喜時憂。

當初我負責線上講座時，時常有從頭到尾始終都面無表情的聽眾，但在填問卷時寫下「非常精采」，給我很高的評價。

另一方面，我也聽過某個失敗經驗，說有位講師在線上研習時，因為強烈要求聽講者要有互動反應而引來嫌棄。

話雖如此，也不是說線上就能完全無視對方的反應。重點在於別太過敏感。

呈現出自己想要的模樣，這話聽起來或許會覺得只是好聽話。但這是能在眾人面前侃侃而談的人所擁有的共通點。

身為領導人，身為講師，要時時思考自己想呈現怎樣的樣貌，展開行動，這樣就不會去在意周遭的事物。

那麼，為了呈現出自己想要的樣貌，該怎麼做才好呢？

除了前面說的「拍攝影片自我練習」的方法外，如果還要再給個提議，那就是挑選說話用語。

夏目漱石也說過這麼一句話。

「打造表面，是改善內部的一種方法」

內在的思考、表現於外的言辭，從這兩方面來追求「自己想呈現的樣貌」。我自己也還在學習的路上，不過，平時我一直都很慎選說話用語。

坦白說，當我還是菜鳥播報員時，每次上場都很緊張。

原因在於自我意識過於強烈，還有太過在意評價，滿腦子想的都是別人會怎麼看我。

因為緊張，完全無法發揮自己的特色，節目結束後無比懊悔。

不過，每次出外採訪與生死有關的事件、災難、事故時，我總會問自己「我有資格傳達這樣的訊息嗎？」，一再遭遇這樣的場面。

經歷過這樣的事件後，我心中對於「女主播」這個工作的想法以及自己的存在方式逐漸起了轉變。

比起別人怎麼看我，我更希望「自己能成一個深受採訪對象和觀眾信賴的人」。我開始有這樣的強烈念頭。

一旦決定好自己的存在方式，就不會在意別人的目光。也不再感到緊張。猛然回神，不知從什麼時候起，委託的工作增加，我已過著充實的播報員生活。

各位在眾人面前說話時，請務必也要意識到自己想呈現的樣貌。

在線上不必特別因為對方的反應而時喜時憂，要自己率先打造出應該追求的自我形象，炒熱現場的氣氛。

POINT!

如果是面對面，
要決定自己展現的樣貌，
如果是線上，
則要自己率先營造氣氛

第6章

營業講座
商品展示
徵才面試下的自我介紹……

在不同的線上場合下，能順利進行的腳本範例

好了，前面介紹了不論是面對面還是線上都能流暢說話的方法。有沒有哪個覺得派得上用場，或是想嘗試看看呢？我想，有人會積極的活用線上功能，也有人是今後想嘗試看看。

因此，在最後一章，我針對就算第一次嘗試也不會失敗的以下三個項目，舉幾個案例說明。

「線上營業講座的腳本」
「商品展示的開頭解說」
「接受面試時的自我介紹」

事例1 線上的營業講座腳本

在行銷方面，有個知名的購買行動範本，名為**AIDMA法則**。

消費者在購買物品時，通常會無意識的採取**「Attention：注意→Interest：興趣→Desire：欲望→Memory：記憶→Action：購買」的流程**。取這些狀態的開頭字母，將它命名為「AIDMA」。

今後正為了要導入線上講座而檢討其可行性的企業或自營業，對於透過廣告、引導、介紹而有所認識的「預期客戶」，不妨以提高AIDMA當中的「興趣」這部分為目的，試著進行看看吧。

在這個階段，讓人發現自己需要這項服務或商品，是舉辦講座的目的。

因此，這時候重點**不是突然就對商品的特徵展開說明**。就內容來說，有八成左右是產生動機，兩成是說明商品，而目標的設定則是讓想知道更多的人能進行個別諮商。時間假想為三十分鐘左右。

【說明範例】

今天很感謝各位在百忙之中抽空參加。

在這場講座中，會介紹提高遠距工作的員工參與度的線上工具。若能為貴公司提高生產性帶來啟發，將會是我最欣慰的事。

那麼，各位的公司裡是否實施遠距工作呢？

本公司的到公司上班率控制在50％以下。在引進遠距工作的企業常有的煩惱方面，像員工的效率、動機低落的風險，就是個例子。因此，這次要介紹的是，就算採遠距工作，一樣能提高員工參與度的服務。

↓講座的目的、社會性需求、對方的角度所看到的優點

接下來談到今天的流程。一開始是～接著是～

↓告知流程

最後，回答問卷的人，可下載今天的資料，所以請務必看完整個講座。

↓促使一路參加到最後

開頭請容我對本公司做一番簡單介紹～

↓公司介紹（參照第1章40～45頁）

在這工作方式多樣化的時代，為了提高員工的參與度，現在備受矚目的是企業理念的深植。

如果是處在企業理念明確，深植員工心中的狀態下，則每位員工的歸屬意識都會提高，能促成他們發揮自發性的行動意願。

這才是在遠距工作下依舊能展現成果的公司和員工之間應有的關係。

這種員工參與度，主要是由以下三者構成。

①對企業方向性的理解
②歸屬意識
③行動意願

今天的焦點是放在③的行動意願上。

↓提案的社會背景

那麼，問題來了。請從中擇一回答。你對工作的動機，「薪資報酬」和「貢獻報酬」哪個比較強烈？請從中選一個答案，在問卷中作答。

……。

謝謝。結果出來了。兩個答案的選擇人數各半。

↓使用問卷功能來提問，謀求溝通

如同各位所知，人們工作的意願，要由薪資所得來的報酬，以及賦予貢獻意義的報酬，兩者取得平衡，這點相當重要。但在遠距工作下，這種透過話語來賦予意義的報酬難以獲得，這是其現狀。

這種「貢獻報酬」，是由「謝謝」這句感謝詞所打造而來。因此，將這種感謝的情感化為分數，由成員彼此之間互相交流，這就是本公司的Ａｐｐ。

我們接獲報告，如今已有上百家公司引進，即使處在遠距工作下，成員之間的溝通也得到「視覺化」，促成了團隊生產性的提升。

↓服務概要介紹

在此介紹幾個引進的案例。～（介紹案例）～

↓介紹案例，讓人展開想像

如何？那麼，在此針對聊天室裡收到的提問回答。

↓回答質疑

謝謝各位今天一直到最後都積極的參與。只要您回答問卷，就能下載今天的資料，所以請務必要記得回答問卷。另外，我們也會以個別諮詢和具體的展示來介紹App的使用方式，有意願的人，我會寄送介紹書給您。

謝謝。

那麼，本日的講座到此結束。（結束）

如果是網路會議，就以此結尾。

如果是Zoom的講座功能，就先做個結尾，然後說一句「我還會暫時留在線上，可接受個別提問」，如果有人想問問題，便接受個別提問。

事例2 商品展示下的開頭說明

IT企業似乎經常在線上舉辦展示。這時候，在客戶的網路攝影機、麥克風都關閉的狀態下，只有技術人員自己一個人在說話，所以有人來找我諮詢，說這樣實在很難一直說下去。

因此，在此介紹在開頭的部分，如何讓簡報順利進行的範例。請務必要好好安排。

【簡報開頭部分的範例】

大家好。很謝謝今天各位給我這個時間。

接下來要介紹本公司的系統，我是技術部門的○○。

今天全程預定約三十分鐘。

簡報是由三個部分組成。

一開始請先讓我確認一下各位的需求。到時候如果想再追加需求，請告訴我一聲。

接下來會針對向貴公司提案的系統B進行展示。

最後請給我一點時間進行提問回答。

↓別一下子就突然進行展示，一開始要先「確認需求」，安排與客戶交談的時間。這樣能掌握對方所期待的方向性。

不過，展示的途中，如果您有疑問，只要寫在聊天室裡，我就會回答。因為系統的緣故，我無法看見各位的模樣，所以我會盡可能簡單明瞭的說明，但萬一說得太快，聽不清楚，或是因為通訊的緣故，聽不到聲音時，如果能在聊天室留言告訴我一聲，那就太感謝了。

展示預定是十五分鐘。那我們這就先從確認需求開始吧。

↓先告知目標時間，這樣對方的專注力便可持續。

事例3 徵才面試下的自我介紹

在線上面試方面，實績之類的數字，要在履歷表上展現，至於人格特性，則要用說話方式來展現。

就算是再優秀的人，要是沒留意線上給人的印象，一樣會吃大虧。

線上只能在螢幕畫面中表現自我，所以印象比什麼都重要。

因此，呈現方式和說話方式，請務必要參考本書前面所傳授的方法，做好萬全的準備。

尤其得留意，要比面對面多三成的表現力，讓自己的說話方式更開朗，舌頭更靈活，音調更有高低起伏，否則會被認為是「溝通能力不足」。

此外，如果是為了提高資歷而轉換跑道，參加徵才面試，人事主管會以即時戰力的角度來看你是否符合他們的企業文化和職位，並想像錄用後的情況。因此，要是履歷表上明明寫著「領導能力是強項」，卻以陰沉的語調說話，像這種自我介紹的內容與說話方式和表情給人的印象搭不起來的情形，要極力避免。

線上看不到手中拿著什麼，所以有人會將自我介紹或應徵動機的稿子擺在手邊照念，不過，如果過度仰賴稿子，便難以傳達情感，所以基本上我不推薦這麼做。

面試**不是用來發表的場合，它始終都是「對話」的場合**。當對方問你應徵的動機為何，你不該是自顧自的一直說個沒完，而是要清楚的傳達出要點，接受提問，然後回答，要留意保持這樣的節奏。請好好宣傳自己，讓人知道你是個想巧妙和人事主管溝通想法和情感的人。

事實上，也有人因為新冠疫情而接受線上面試，改善自己的說話方式，結果大獲好評，成功轉換更好的跑道。

在此，我採用第1章的40～45頁介紹的故事構成，來製作自我介紹。

【說明範例】

人事主任「那麼，請自我介紹」

應徵者「是，我希望能以我十五年的公關經驗，致力於打造貴公司的品牌，以提升企業價值」

↓站在對方的觀點，以先下結論的方式傳達自己的價值

（接下來開始說故事）

「我之所以這麼說，是因為我現在的工作，當初是以企業的創業成員身分參加，因為在業界算是起步較晚，所以很難打開知名度，這是我面對的課題。

↓①以前的狀況

因此，我以戰略的手段展開企業宣傳。

↓②轉機

當中，領先業界的SDGs計畫在各種媒體上都受到大肆報導，就此成了引爆劑，一下子打開了知名度。

↓③選擇與行動

拜此之賜，在業界的市占率也大幅提升，成功打造了給人「好感」的企業品牌，在營業和人材雇用兩方面都發揮了效果。

↓④好的結果

我希望也能成為貴公司公關團隊的主力，和成員們一起努力提升公司價值」

↓⑤光明的遠景

這樣如何呢？

請務必要以這個腳本為基礎，由你自己來安排，巧妙加以運用。

結語

謝謝各位拿起這本書。

因為工作的緣故，過去我有很多機會聽名人、經營者、專家、以領導人的身分表現活躍的人們發表看法。其中，我發現工作能幹的人，他們都有個共通點。

看過本書的人應該會知道，這個共通點簡單來說，就是**「改換成對方的觀點來說話」**。

我在得到這樣的想法前，歷經了無數次的失敗，從中學習。

舉個例子，那是我開始從事講師的工作時，參加某個講師甄選所發生的事。那是在多位研習公司的負責人面前做簡報的場面，但我竟然在僅有的十分鐘時間裡，用了七分鐘的時間自我介紹。最後當然是慘不忍睹。

負責人想知道的，是我能否提供符合自己公司客戶需求的內容。我卻完全忽略這點，自顧自的說個沒完。事後在給評語時，他們對我說「比起妳個人的事，我們更想聽研習的效果」。

我自認是說話的專家，但經過這次的失敗，我這才發現自己的說話方式有多麼自以為是。於是，之後我都提醒自己要徹底做到「改換成對方的觀點來說話」。經過這樣的改變，往後的提案就變得一帆風順了。

商務人士不是要成為專業的說話高手，所以說話沒必要像播報員一樣流暢。「改換成對方的觀點來說話」，以此在工作上展現成果，這點很重要。

請參考本書，留意「對方的觀點」，在面對面和線上這兩方面的說話方式上，巧妙的分開使用。若能藉由「說話方式」與人保有緊密的關係，開創光明的未來，那將是我最大的欣慰。

放心，一定會很順利的！

阿隅和美

國家圖書館出版品預行編目(CIP)資料

Online、面對面皆適用！NHK主播親授，讓人情不自禁和你聊下去的130條溝通心法／阿隅和美著；高詹燦譯. -- 初版. -- 臺北市：臺灣東販股份有限公司, 2022.07
266面：14.7×21公分

ISBN 978-626-329-279-6（平裝）

1.CST: 溝通技巧 2.CST: 說話藝術

177.1　　111008313

Online、面對面皆適用！NHK主播親授，
讓人情不自禁和你聊下去的130條溝通心法

2022年7月1日初版第一刷發行

著　　者　阿隅和美
譯　　者　高詹燦
編　　輯　魏紫庭
封面設計　水青子
發 行 人　南部裕
發 行 所　台灣東販股份有限公司
　　　　　＜地址＞台北市南京東路4段130號2F-1
　　　　　＜電話＞(02)2577-8878
　　　　　＜傳真＞(02)2577-8896
　　　　　＜網址＞http://www.tohan.com.tw
郵撥帳號　1405049-4
法律顧問　蕭雄淋律師
總 經 銷　聯合發行股份有限公司
　　　　　＜電話＞(02)2917-8022

TOHAN